中小企業の資金調達方法がわかる本

中小企業を応援する会計事務所の会 著
深石圭介・元村康人 著・監修
株式会社アックスコンサルティング 代表取締役 広瀬元義 著・監修

あさ出版

はじめに

会社の資金調達方法は、大きく分けて3つあります。

1つ目は「借入」。銀行など金融機関から融資を受け、期日までに利子をつけて返済するという方法。

2つ目は「受給」。省庁や自治体などが募集している助成金や補助金などに応募し、支払いを受けるという方法。

3つ目は「投資」。出資者を募ったり、ベンチャーキャピタルなどに資金提供してもらうという方法。

1つ目の「借入（融資を受ける）」するために必要なのは、銀行など金融機関が何を求めているかを知ることです。個人事業や創業間もない会社では、銀行からの融資はほとんど期待できません。多くの場合、銀行を通じて公的機関で融資を受けることになるでしょう。自社の状況次第でどの機関にどのようにアプローチするべきかが変わってくることも知っておく必要があります。

2つ目の「受給（助成金や補助金を受ける）」するために必要なのは、情報です。いつ、どのような助成金や補助金の募集があるのかを知り、どんな要件を満たせば支給されるのかを知る必要があります。

3つ目の「投資」を受けることもありますが、ベンチャーキャピタルであれば、株式公開を狙えるほどの優れた技術やサービスを持っていることが前提です。投資をしてもらえるかどうか審査をしてもらえるステップまで進めないケースがほとんどで、決して簡単なことではありません。

そこで本書では、資金調達をお考えの皆さまが自社の事情に合った方法で「借入（融資を受ける）」と「受給（助成金や補助金を受ける）」するためのノウハウをまとめ、紹介しています。

また、資金調達に精通した税理士・社労士を巻末の一覧に掲載していますので、直接アドバイスをもらいたいという方は、お問い合わせください。どの税理士・社労士も中小企業の実務に明るく、ちょっとした相談や悩みにも丁寧に応えてくれることでしょう。

「お金」は会社を経営するうえで絶対になくてはならないものです。

「大口の支払いが迫っている」
「税務署から支払いの通知がきた」
「社員に賞与を支払う時期だ」
「会社の運転資金が足りない」
「会社を始めたいが、資金に余裕がない」

これらのような資金調達に関する悩みが、本書によって解決できれば幸いです。中小企業の社長さんが自社の経営に必要な資金を調達し、よりよい経営を実践されることを心よりお祈り申し上げます。

平成27年11月

株式会社アックスコンサルティング
代表取締役　広瀬 元義

もくじ

はじめに 2

第1章 資金調達は会社の成長を早める

■「無借金で創業した企業」よりも「借金して創業した企業」の方が業績が伸びる 14
◦なぜ借金があると成長できるのか？
◦「利息」は「保険料」
■「借金＝悪」ではない 21
◦会社は借金がある方が信用される
◦利益を出していれば借金なんてしなくていい？
■起業時に資金調達を行うメリット 27
◦設備資金＋運転資金３カ月分
◦３つの資金調達法

■ビジネスに加速度をつける意味で資金調達をしよう　33
。お金を成長の足かせにしてはいけない！

第2章　喉から手が出るほど欲しい「創業融資」の引き出し方

■創業融資は「日本政策金融公庫」を活用しよう　40
。代表的な2つのプラン
。その他のプランもバリエーション豊富
■創業融資は実績ゼロでもお金を借りられる一生に1度のチャンス　47
。信用保証協会とは何か？
。融資を受けるまでの流れ
■事業計画書を制する者は創業融資を制する　51
。「事業に対する熱意」より大事なもの
■事業計画書作成の具体的なポイント　54
。必ず書くべき内容は？
。その事業に「説得力」はあるか？

○質問にもしっかり答えられるように

第3章 銀行融資の組み方、教えます

■銀行の仕組みを知っておきましょう 66
○「銀行」といってもいろいろある
○○○が変わればもはや別の銀行
■銀行との付き合い方が企業の存続を左右する!? 74
○銀行との関係が良好か険悪かわかるチェックリスト
○銀行に「貸さないと損」と思わせる
■融資は「格付け」で決まります 80
○格付けを決める2つのポイント
○格付けは「正常先」か?
○1億円までの調達は格付けをあまり意識する必要はない
■銀行が喜ぶ決算書・嫌う決算書とは? 89
○次の3つを必ず確認

○「利益」はどれだけ出せばいいか？
■銀行が嫌う5つの勘定科目 95
○これがあるだけで「×」印！
○場合によっては問題視されるケース

第4章 助成金と補助金で資金調達をしよう

■「助成金」「補助金」って何？ 102
○返さなくていいお金
○審査が厳しいもの、緩やかなもの
■「助成金」と「補助金」の違い 110
○目的と意義を理解しよう
■「助成金」「補助金」の金額以上のメリット 115
○返済不要というだけではない
○お金をもらえる＝良い経営の第一歩
■助成金・補助金は「ノーリスクでもらえるお金」ではない！ 120

○「助成金ビジネス」にダマされるな!
○お金は大事だが、お金のために経営をしているのか?

■「助成金」のあらまし 125
○助成金って何のためにあるの?
○助成金の分類
○創業時に活用できる助成金
○助成金の申請について
○助成金を申請する前に

■「補助金」のあらまし 132
○補助の対象を知ろう
○一般的な補助金交付の流れ

■「助成金」「補助金」を受給する際の留意点 138
○助成金を受給すると調査が入る
○助成金を申請するなら従業員を解雇してはいけない
○早期に情報を確保し、準備を開始する

第5章 税理士、社労士次第で資金調達が変わってくる

■すべての税理士が資金調達に詳しいわけではない 146
◦税理士は「税金のプロ」
◦「頼れる税理士のはずなんだけど……」の落とし穴
■資金調達が得意な税理士は少数派 152
◦税理士の得意、不得意を知ろう
◦「本当に得意か」を見抜く5つの質問
■すべての社労士が助成金に詳しいわけではない 156
◦助成金が苦手なのは当たり前
◦「社労士ネットワーク」を活用せよ！
■税理士、社労士は得意分野が人それぞれ 161
◦なぜこんなにもバラバラなのか？
◦「紹介してください」と積極的に言おう
■融資が通ったら生命保険に入ろう 165
◦事業を、家族を守るために絶対必要！

○税理士はリスクに備えた提案をしてくれるか？
■生命保険に入ると融資が受けやすくなる 170
○生命保険は融資の保険でもある
○生命保険の高い節税効果

第6章 いい税理士、社労士の見つけ方

■税理士業界、社労士業界の現状 178
○依然として続く低価格競争
○マイナンバーへの備えはできているか？
■資金調達に詳しい専門家を見抜く5つの質問 182
○実績とネットワークの有無を確認する
■価格で決めると痛い目にあう 189
○ファストフード店で高級レストランのサービスを求めるな！
○何をお願いしたいのか？

■専門家との理想的な関係とは？ 194
◦同業他社の情報を教えてもらおう
◦「専門家のための会社」になっていないか？

おわりに 199

中小企業を応援する会計事務所の会 203

第1章

資金調達は会社の成長を早める

「無借金で創業した企業」よりも「借金して創業した企業」の方が業績が伸びる

◆なぜ借金があると成長できるのか?

まずは、これから起業しようとしている方に質問します。
自力で100万円貯めて、起業したA社。
金融機関から1000万円借入して、起業したB社。
この2つの会社が同じ業種であった場合、どちらが先に成長するでしょうか。
たとえば小売業で利益率が20%の場合、それぞれの利益は次のようになります。
A社は100万円分の商品を販売して、20万円の利益を得る。
B社は1000万円分の商品を販売して、200万円の利益を得る。
※A社とB社は資金のすべてを仕入に使えるわけではありませんが、ここでは分かりや

すくするため、資金＝現金仕入とします。

A社が扱える商品の量・種類は、B社よりも限られています。利益も少ないため、真面目にコツコツがんばっても事業規模を拡大できるのは数年後でしょう。

一方B社は最初から大量の商品を仕入れることができ、利益はA社の10倍です。その中から返済をしていかなければなりませんが、無理のない返済計画を立てていれば、経営を圧迫することなく順調に利益を増やしていけるので、早期に事業拡大を図ることができるでしょう。

つまり、

「金融機関から1000万円借入して起業したB社の方が、無借金で起業したA社よりも、先に成長する」

これが答えです。

◆「利息」は「保険料」

「起業して成功したいけれど、銀行からお金を借りるのはやっぱり嫌だ」

そう考える人の多くは、おそらく「借りた金額分だけじゃなくて、利息を払わなければいけないから、損になる」と感じているのでしょう。

しかし資金がなければ、必ず、利息分以上の損をすることになります。

なぜなら、まだ誰も見つけていないニーズを発見したとしても、資金がなければそのニーズに十分応えられる商品開発やサービスが実現できないからです。

そしてよほどニッチな業種でなければ、そのニーズはいずれ同業他社が見つけて先に事業を開始してしまい、自分が狙っていた顧客層はすべてライバルに取られてしまいます。

資金を調達する方法は金融機関からの借入ばかりではありません。主に、次のような方法が考えられるでしょう。

❶自分で貯める

❷家族や友人から借りる

❸株式を発行する

❹助成金・補助金を受ける

5 金融機関から融資を受ける

6 クラウドファンディングなど投資を受ける

自力で貯めたお金は返済義務がなく、自分の意思で自由に使えるため、最も「安心」な資金になるでしょう。しかし生活しながら貯金をすると、通常、目標金額が貯まるまでに年単位で時間がかかります。それがたとえ2、3年であっても、社会はその間に変化してしまいます。あなたが「これはビジネスチャンスだ」と感じたことを、2年後の社会は求めていないかもしれません。社会的ニーズがなければ、会社を作っても成功しないでしょう。

家族や友人に頭を下げてお金を借りるという方法もあります。自分で稼いで貯めるよりは短期間でお金が集まり、返済期限に融通が利くため、金融機関から借りるよりもストレスは少ないでしょう。しかし事業が成功してお金を返すまでには、わずかなキッカケで人間関係が悪化したり、大きなトラブルにつながる危険があります。さらに個人が出せるお金には限界があるため、目標金額が集まるという保証はありません。

そうなれば結局、金融機関から借りるか、自分で稼いで穴埋めすることになります。また、親などから借りたお金が「贈与」とみなされないための対策も必要なため、容易な方法とは言えません。

会社設立後に雇用する従業員が決まっていれば、従業員持株会を設立することができます。経営に参画できることで従業員のモチベーションが上がるというメリットはありますが、規約が必須で運営が難しく、株を持っている従業員が退職したときは、その株式を現金で買い取らなければなりません。

ベンチャーキャピタルに自社株を買ってもらうという方法もありますが、株式公開が狙えるほどの優れた技術やサービスを持っていることが前提であり、ハードルはかなり高いと言えます。

クラウドファンディングは最近広まってきている、ウェブ上で資金を募る方法です。志に共鳴してくれる人からお金を集められるというメリットはありますが、ある程度の金額にするためにはそれなりにインターネットやＳＮＳに精通している必要があり、またネット上のことなので知らない人との間にトラブルが発生したりといったこともよくあります。

有効活用している人は出てきていますが、誰もが気軽にできるものとは言い難いのが現状です。

以上の理由から、資金調達の際は「4 助成金・補助金を受ける」「5 金融機関から融資を受ける」をお勧めします。

もちろん、助成金や補助金を受けることも、金融機関から融資を受けることも、決して簡単ではありません。

中小企業の資金調達環境は、この数年で大きく変化しました。

バブル好景気の時代は、不動産等の担保があれば、銀行は積極的に融資をしてくれました。しかし不動産の担保価値はバブル崩壊とともに下がってしまい、2002年に「金融検査マニュアル別冊（中小企業融資編）」が公表されたことで、中小企業への融資は担保の有無ではなく信用、つまり決算書による格付けがメインになりました。

このため判断のもとになる決算書がない創業前または創業間もない企業が金融機関から融資を受けることは、非常に困難であると言われています。

しかし、創業時に特化した制度融資というものがあります。これをうまく活用すれば、実績として銀行に評価されるため、その後の融資が受けやすくなります。

会社が潰れる原因が借金によるものだと誤解している方がいますが、借金ではなく、必要な資金が不足することが原因なのです。会社にとって必要な資金を、いついかなるときでも調達できるようにしておくこと。それが社長にとって、最も重要な仕事なのです。

「借金＝悪」ではない

◆会社は借金がある方が信用される

「借金をしたくない」という気持ちになるのは、当たり前のことです。

私たちは子どものころから「人からお金を借りてはいけません」「借りたお金はすぐに返しなさい」と言われながら成長してきたため、

「お金を借りること」＝「悪いこと」

という価値観が根付いています。

しっかりと働いてお金を稼ぎ、毎日の生活に困らないよう収入と支出を管理することが社会人としての最低条件です。生活費が足りなくなって親や他人からお金を借りると、周囲から「あいつはだらしない人間だ」と思われてしまいます。

しかし、会社と個人は、違います。

「他人にお金を借りてばかりいる個人」は社会的に信用されませんが、「金融機関から常に借入をしている会社」は、社会的に信用力が高くなります。


なぜ借金している会社が信用されるのでしょうか。

それは、確実にお金を返してくれる会社にしか、銀行がお金を貸さないためです。

では「確実にお金を返してくれる会社」とは、どのような会社でしょうか。

決算書が黒字で、潤沢な資金があり、これからも利益を出し続けると期待されている会社です。


考えてみてください。

あなたが他人に10万円のお金を貸すとき、次のAさんとBさん、どちらに貸しますか。

Aさん「今日財布を家に忘れて、手持ちの現金がないんだ。銀行口座には定期預金の100万円があるけど、利率が良いから解約したくない。財布を回収したら少し色をつけて返すから、10万円ほど貸してくれないか」

Bさん「仕事をクビになって、今一文無しなんだ。今夜の夕飯を買うお金もなくて困ってる。頼むから、10万円貸してくれないか。新しい仕事を探して、1週間後にはきっと返すから」

Aさんには100万円の預金があるので、あなたが貸さなくても問題はありません。今すぐに必要な分がないだけと分かっていますし、色をつけてくれると言うのなら、安心して貸すことができます。また、きちんと返してくれて、本当に色をつけてくれたなら「困ったときはいつでも貸すから、相談してね」と、Aさんに貸すことにメリットもあると考えるでしょう。

一方Bさんは、深刻な状態です。あなたがお金を貸さなければ、路頭に迷ってしまうかもしれません。しかし現在一文無しで、再就職できるという保証はありません。貸した10万円が返済される可能性は低いでしょう。すると、家族や親戚、または特に仲が良い友人でもない限り「ほかを当たって」と言いたくなります。仕方なく貸すことになっても、2度目のお願いがあったときは、ハッキリ断るでしょう。

確実に返済してくれそうな金銭的余裕がある人になら、自分のお金を貸しても良い。

金銭的余裕がなくて、返済してくれる見込みが低い人には、自分のお金を貸したくない。

これは一般人の感覚です。

銀行など金融機関の心理も同じです。

たとえば税理士は社会的信頼度が高い国家資格であるため、税理士が自分の事務所を開業するために銀行に融資を申し込んだ場合は、ほぼ問題なく融資が決まります。さらに県庁等に勤めている公務員なら、個人でも多くのお金を借りることができます。公的機関に勤務するサラリーマンの収入は、特に安定しているからです。

相手が企業であっても、この感覚は変わりません。

確実に返済してくれる優良な企業にのみ、融資を行う。

返済が滞りそうな経営不振の企業には、融資を行わない。

つまり、

「私の会社は、1度も金融機関からお金を借りたことがありません」と言う会社は、

「私の会社は、1度も金融機関に信用されたことがありません」と言っているようなものなのです。

「無借金」は、会社としては自慢になりません。これは絶対に覚えておきましょう。借金力は、信用力です。

どれだけ安い金利で、どれだけ多額の借入をしているか。それは会社の信用度を測るバロメーターの1つです。

もしも「私の会社はA銀行から1億円の借入をしています」と言えば、B銀行の営業マンは「1億円もの大金を安心して貸せるほど、信用度が高い会社なんだな」と考え「ぜひうちの銀行融資もご利用ください」と営業をかけてくるかもしれません。

◆利益を出していれば借金なんてしなくていい？

「でも、がんばって利益を出して黒字にしていれば、わざわざお金を借りる必要はないのでは？」

そう思った人は、まだまだ会社経営を甘く考えています。

今は黒字でも、1年後や5年後に黒字であるという保証がありますか？

海外マーケットは常に激動していて、原材料を輸入品に頼っている製造業は円の相場が1円下がっただけで打撃を受けています。また、どれだけうまくビジネスを進めても、突然起こる自然災害を回避することはできません。

未来がどうなるか、１００％予測はできません。

だからこそ「銀行から借入をして、問題なく返済した」という実績を作り、金融機関との信頼関係を構築して、万が一のとき必要な資金が調達できるよう、備えておかなければならないのです。

社長なら「自力で１００万円の売上を上げる」よりも「金融機関から１０００万円借りる」努力をしましょう。どれだけ高い信用度を構築して、お金を借りられるか。それが経営者としての腕の見せ所なのです。

もちろん、最初から融資を受けられるわけではありません。特に創業直後はお金が不足し、赤字になります。赤字では、銀行はお金を貸してくれません。

そこで活用できるのが、創業時や創業直後に利用できる助成金や補助金、政府系金融機関からの融資です。

起業時に資金調達を行うメリット

◆設備資金＋運転資金3カ月分

２０１１年版の『中小企業白書』には、次のような記載があります。

「起業時および起業後の課題」→「資金調達」54・9％

なぜ起業時や起業後に、資金調達が課題となるのでしょうか。

その理由は、同じく『中小企業白書』の中にありました。

「起業資金の調達先」→「自己資金」77・8％

起業資金の調達先

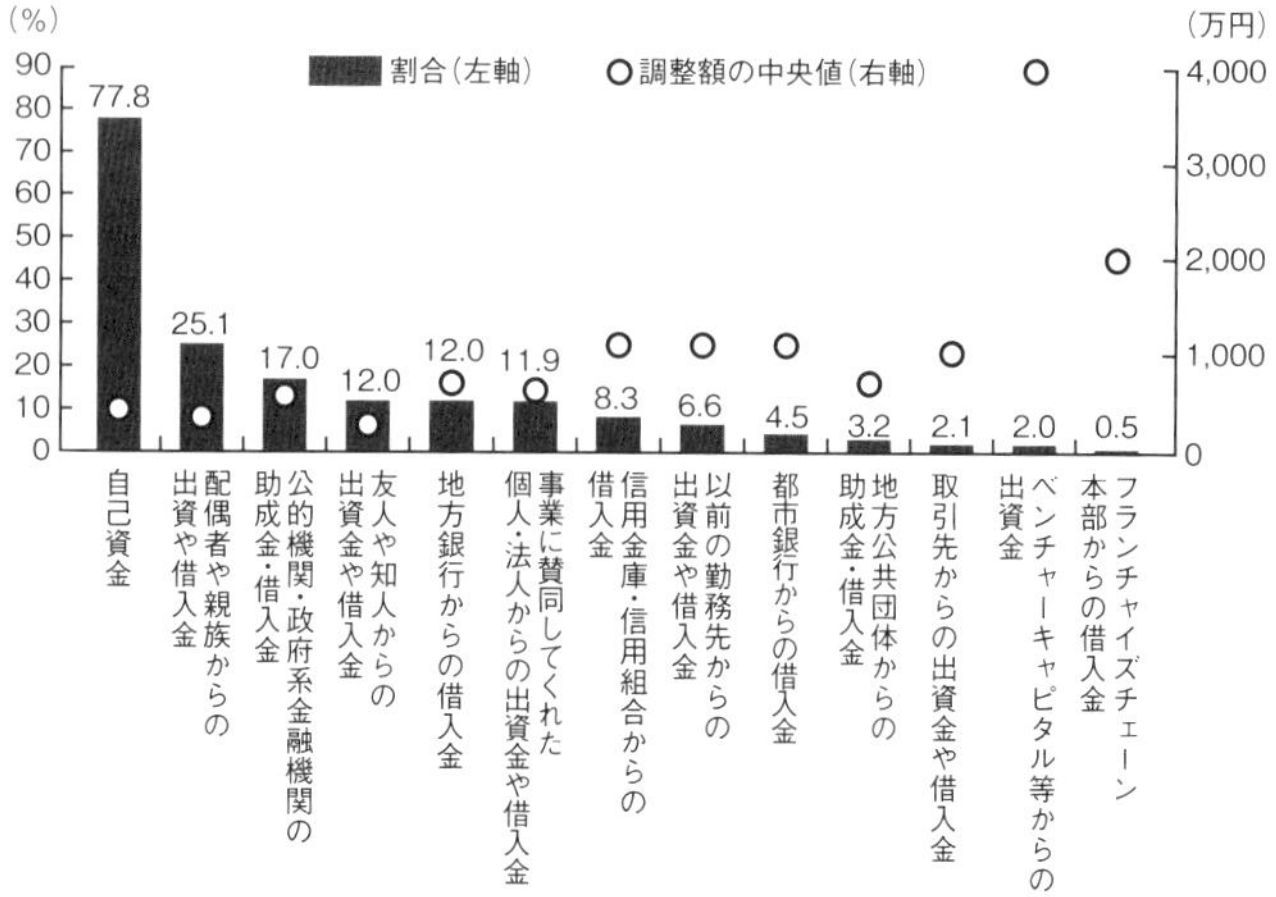

資料:中小企業庁委託「起業に関する実態調査」(2010年12月、(株)帝国データバンク)
(注)複数回答であるため、合計は必ずしも100にならない。

起業時及び起業後の課題

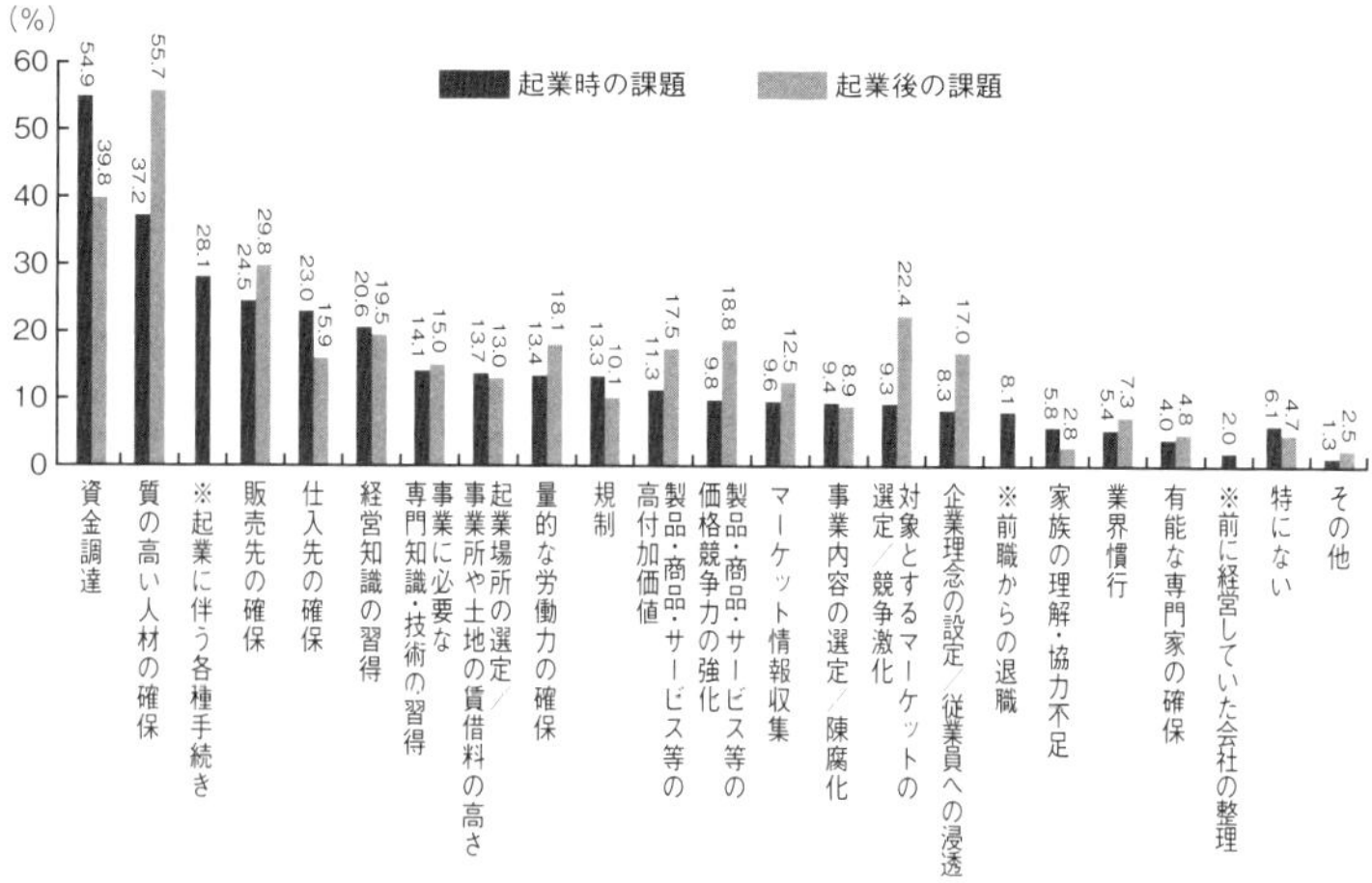

資料:中小企業庁委託「起業に関する実態調査」(2010年12月、(株)帝国データバンク)より作成。
(注)1.起業時とは起業準備期間中、起業後とは起業から現在に至るまで時期をいう。
2.※印は、起業時のみで尋ねた項目。
3.複数回答であるため、回答は必ずしも100にならない。

開業に必要な資金を集め、税理士、司法書士、行政書士などの専門家と相談をしながら会社設立の登記や税務署への開業届等、諸々の手続きをクリアして、無事に会社を設立することができたとします。

しかし事業を開始しても、すぐに軌道に乗るわけではありません。業種によりますが、少なくとも3カ月は十分な利益が発生しないものと考えて、資本金のみで会社を運営しなければならないのです。

開業資金には、大きく分けて2つあります。

店舗や事務所などの保証金、商品製造に必要な機器、事務用のパソコンなどにかかる「設備資金」と、材料の仕入代金や外注費、水道光熱費、従業員の給料などの「運転資金」です。

創業時には「設備資金」＋「運転資金3カ月分」が1つの目安です。

少ない資金で起業すると、すぐにこの運転資金が不足して経営難に陥ってしまいます。

◆3つの資金調達法

資金を手っ取り早く増やすには、金融機関からの借入が必要です。

しかし何度も言うように、銀行はお金がある会社にしか融資を行いません。そのためできるだけ会社は資本金を増やしておく必要があるのですが、お金は借入しなければなかなか増えない……。

鶏が先か、卵が先か。そんなジレンマに陥る前に、３つの方法を紹介します。

❶ 助成金

国や地方公共団体が、企業活動の活性化、雇用や経済の向上などを目的として、企業に交付するお金、それが助成金や補助金です。銀行融資との最大の違いは返済義務がないことであり、交付されたお金は自己資金に入れることができます。

助成金は、一定の要件を満たしていれば、申請によってほぼ受給できます。ただし「一定の要件」を必ずクリアしなければなりません。

助成金にもさまざまな種類がありますが、雇用に関わるものが主になっています。たとえば従業員のキャリアアップを目的とする人材育成事業に対する助成金や、育児休暇からの職場復帰を支援するための助成金、障害者や高齢者の雇用に関わる助成金などです。

2 補助金

補助金も助成金と同様、国や地方公共団体から交付される、返済不要のお金です。

ただし、一定の要件に合致する企業や個人事業主であること、予算が決まっているため申請者全員に交付されるものではないこと、申請書の提出期間が限られていること、「経営革新等支援機関」のサポートを受けなければならないことなど、多くの制約があります。

補助金にはさまざまな種類がありますが、創業時や創業直後に活用できる代表的なものは「創業・第二創業促進補助金」です。第二創業とは、事業を承継した後継者が、既存の事業を廃止し、異なる分野の新事業に挑戦することです。

助成金および補助金については、第4章で詳しく説明します。

3 創業資金融資

どうしても資金不足になりがちな創業前もしくは創業間もない中小企業を支援するため、2つの融資制度があります。日本政策金融公庫の「新規開業資金」「新創業融資制度」と、地方自治体による「創業融資制度」です。

これらは企業としての実績がなくても、一定の条件を満たし、事業の社会的意義や成長性をうまくアピールすることで、お金を借りることができます。これらの制度については、第2章で詳しく説明します。


このように、日本には創業支援に特化した複数の制度があります。

返済不要で自己資金にできる助成金と補助金。

実績がなくても融資を受けられる創業資金融資。

この2つを組み合わせることが、金融機関に信頼される「資金があり、借入の返済実績がある優良企業」への近道なのです。

ビジネスに加速度をつける意味で資金調達をしよう

◆お金を成長の足かせにしてはいけない！

かつては「資本金1000万円以上」であることが、株式会社設立の要件でした。

しかし2006年5月に新会社法が施行され、最低資本金制度が廃止。「資本金1円」でも株式会社の設立が可能になり、起業のハードルがグンと下がったためにベンチャー企業が急増しました。

一方で、起業してから10年以内に倒産する会社が増加しました。

何度も言っているように、十分な資金がない状態で起業しても、経営を続けることは困難なのです。

もう1度、A社とB社の例を振り返ってみましょう。

A社とB社が同じ商品を扱う小売業を始めた場合、B社は1000万円の借入金があるため、商品の量も種類も豊富に揃えることができます。一方A社が扱える商品は、数も種類も限られてしまいます。

ターゲットとなる顧客層は、どちらの店に商品を買いに行くでしょうか。

B社に決まっています。

その後、数年かけてA社が10倍の利益を出すようになり、創業当時のB社と同じ規模の商品を揃えることができるようになったとしても、そのころにはB社はさらに10倍、20倍の利益を出す会社に成長しているかもしれません。

B社のサービスに満足したお客様の目を自社に向けさせ、自社の固定客になってもらうには、よほど優れたアイデアや技術が必要です。

どのような業種であれ、スタートダッシュは重要です。

自分と同じ業種の会社、つまりライバル会社よりも先に顧客を獲得しておかなければ、競争には勝てません。ビジネスは常に先手必勝であり、後出しでの勝利はないのです。

2011年の『中小企業白書』にも、具体的な統計が出ています。

日本政策金融公庫の「創業融資制度」を受けて2006年に起業した会社は、開業3年

(株)日本政策金融公庫の融資を受けた2006年に起業した企業の動向

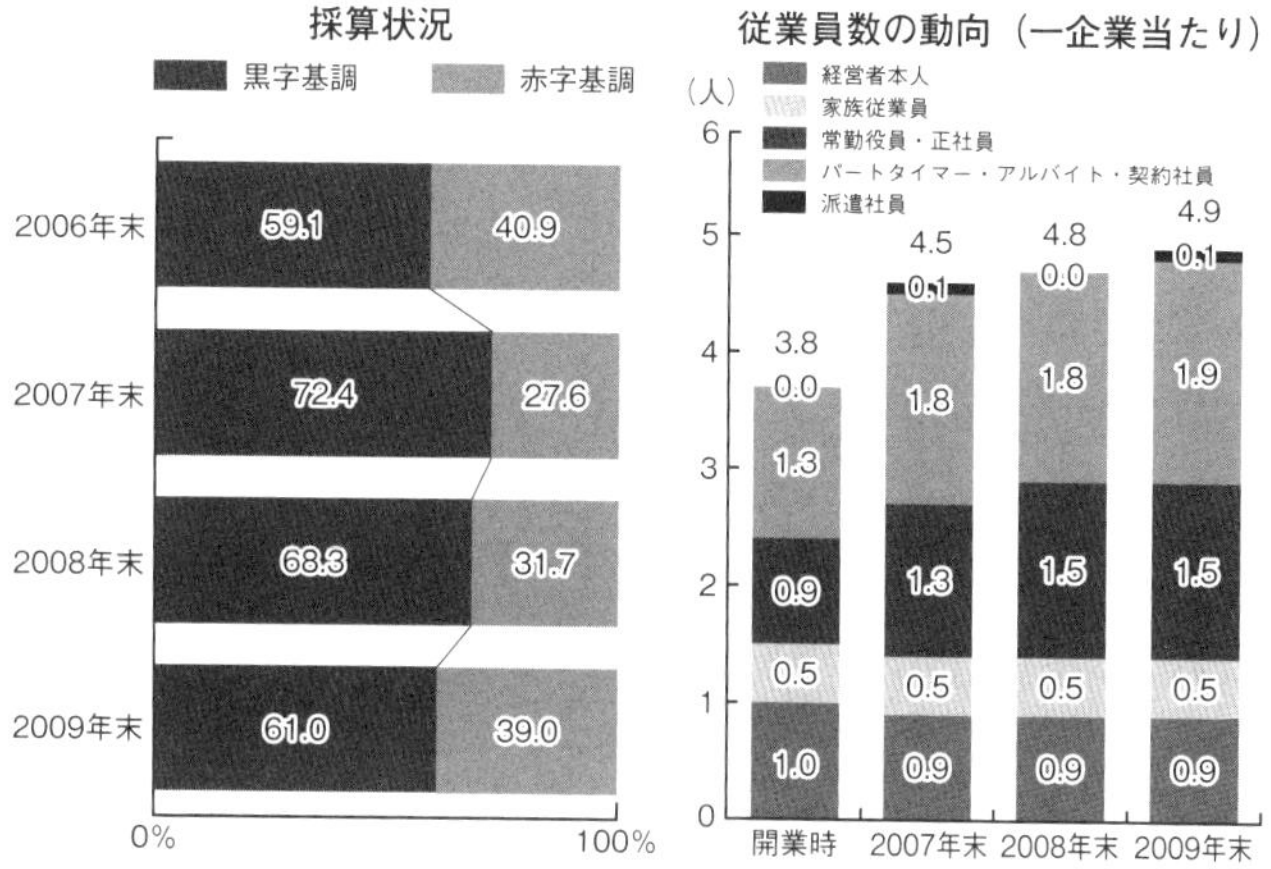

資料:(株)日本政策金融公庫「新規事業パネル調査」
(注)1. 不動産賃貸業を除く。
2. 採算状況については、2006~2009年の全ての調査に回答した企業について集計。
3. 従業員数の動向については、起業時及び2007~2009年の全ての調査に回答した企業並びに廃業企業については、廃業年以前の従業員数を全て回答した企業について集計。廃業企業については、廃業以降の従業員数を0としている。

起業時及び起業後の課題

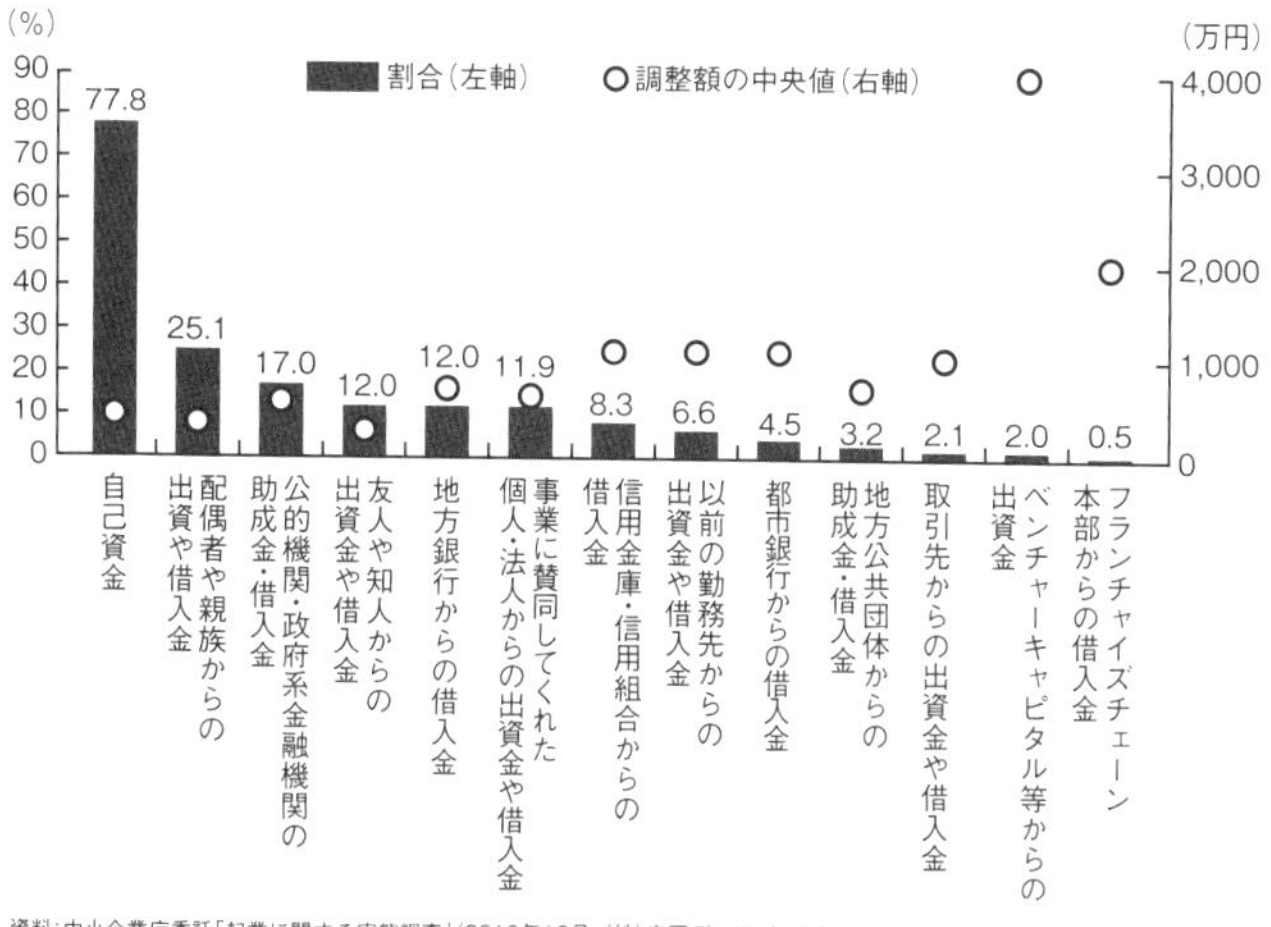

資料:中小企業庁委託「起業に関する実態調査」(2010年12月、(株)帝国データバンク)
(注)複数回答であるため、合計は必ずしも100にならない。

目の２００８年にリーマンショックを迎えました。上場企業が戦後最悪の倒産件数を記録し、中小企業も倒産件数が大幅に増加した中、創業融資制度を受けていた会社は、その影響を受けながらも、２００９年に86・８％が存続しているという統計結果が出ています。さらには61％が黒字で、従業員の平均人数も開業時３・８人から４・９人に増加し、着実に成長していました。

ここで、先ほど出したグラフ「起業時及び起業後の課題」をもう１度見てみましょう。

開業資金の調達先に、公的機関や政府系金融機関の助成金・借入金を受けた起業家はわずか17％であり、地方銀行や信用金庫などからの借入金、地方公共団体からの助成金・借入金を受けた起業家も少数です。

受けなかった理由に「申請しても通らないだろうと判断した」「申請したが断られた」という回答があることから「助成金・借入金を受けたくても、できない」という起業家がいることがわかります。

自己資金以外の資金調達は、確かに大変です。書類の作成や手続きなど、難解な作業が多く、専門家の力を借りなければ通らない審査があります。

繰り返しになりますが、起業時に資金調達をして会社の資金を厚くしておくことは、その後数年にわたって会社が存続するために、絶対に必要なことです。

そこで次の章からは、創業融資を獲得するためのポイントについて、詳しく説明していきます。

十分な資金を調達してビジネスに加速度をつけ、ライバルよりも先に成長すること。どの業界でもビジネスの競争は激化しています。そこに参入し、生き残り、勝つためにも、資金調達は起業家にとって最重要課題なのです。

第2章

喉から手が出るほど欲しい「創業融資」の引き出し方

創業融資は「日本政策金融公庫」を活用しよう

◆代表的な2つのプラン

起業時の資金調達方法として最もお勧めしたいのが「日本政策金融公庫」の融資です。

日本政策金融公庫は、株式の100％を国が常時保有することを「日本政策金融公庫法」によって定められている、特殊な株式会社です。一般の金融機関が行う金融業務を補完し、国民・中小企業者・農林水産業者の資金調達のサポートや、大規模災害等の危険発生時に指定金融機関に対して一定の信用供与を行う（自己の資金や商品などを一時的に利用させること）など、国民生活の向上を目的に事業を展開しています。

特に起業前または起業間もない企業に対する「創業融資」は、金融業などの一部の業種を除いたほぼすべての業種に対応しており、毎年約2万社が利用しています。国の政策にのっとった固定金利（約1・5～4・0％）で借りられること、最長20年という長期間の融資を受けられることが特徴です。また信用保証協会（※次項で説明）などを介さないため、信用保証料もかかりません。

日本政策金融公庫の創業融資で代表的なものは、次の2つです。

【新創業融資制度】

この制度の最大のメリットは「無担保・無保証」で利用できることです。ただし融資限度額は最大で3000万円（うち運転資金1500万円）で、金利は比較的高めに設定されています。

新創業融資制度を申請するためには、次の3つの要件をすべて満たさなければなりません。

1 新たに事業を始める人、または事業開始後税務申告を2期終えていない方。

2 事業開始前、または事業開始後で税務申告を終えていない場合、創業時に融資希望額の2分の1程度の自己資金があること。

3 ⑴～⑼のいずれかに該当すること。

⑴ 雇用の創出を伴う事業を始める。

⑵ 技術やサービス等に工夫を加え多様なニーズに対応する事業を始める。

⑶ 現在の企業に継続して6年以上勤務している、または現在の企業と同じ業種に通算で6年以上勤務しており、新たに始める事業も同じ業種の事業である。

⑷ 大学等で修得した技能等と密接に関連した職種に継続して2年以上勤務しており、その職種と密接に関連した業種の事業を始める。

⑸ 産業競争力強化法に規定される特定創業支援事業を受けて事業を始める。

⑹ 地域創業促進支援事業による支援を受けて事業を始める。

⑺ 日本政策金融公庫が参加する地域の創業支援ネットワークから支援を受けて事業を始める。

⑻ 民間金融機関と日本政策金融公庫による協調融資を受けて事業を始める。

⑼ すでに事業を始めている場合、事業開始時に⑴～⑻のいずれかに該当していた。

【新規開業資金】

担保と保証人が必要になりますが、最大で7200万円（うち運転資金は4800万円）までの融資を受けることができます。金利は低めに設定されており、返済期間は設備資金15年以内（据え置き期間3年以内）、運転資金5年以内（据え置き期間6カ月以内）という長期融資です。

新規開業資金を申請するためには1〜9のいずれかに該当しなければなりません。

1 現在の企業に継続して6年以上勤務している、または現在の企業と同じ業種に通算で6年以上勤務しており、新しく始める事業も同じ業種の事業である。
2 大学等で修得した技能等と密接に関連した職種に継続して2年以上勤務しており、その職種と密接に関連した業種の事業を始める。
3 技術やサービス等に工夫を加え多様なニーズに対応する事業を始める。
4 雇用の創出を伴う事業を始める。
5 産業競争力強化法に規定される特定創業支援事業を受けて事業を始める。
6 地域創業促進支援事業による支援を受けて事業を始める。
7 日本政策金融公庫が参加する地域の創業支援ネットワークから支援を受けて事業を始める。

申し込みから融資実行まで（日本政策金融公庫）

申し込み	・窓口にて、所定の借入申込書を提出して申し込む。インターネットでも申し込み可能。ネット申し込みの際は、早ければ翌日には連絡が来る。 ・申し込み窓口は通常、法人で創業の場合は「本店所在地」個人で創業される場合は「創業予定地」の近くの支店。
↓	
面談・審査	・面談の日取りは、申し込みの後、日本政策金融公庫から連絡が来る。数日～1週間程度。 ・創業計画書、企業概算書などをもとに質問等をし、面談が行われる。 ・面談時に必要な資料等は事前に連絡がある。 ・店舗や工場を訪問するケースもある。
↓	
融資	・融資が決まると、契約の手続きとなり、希望した金融機関等の口座へ数日後に融資金が送金される。

8 民間金融機関と日本政策金融公庫による協調融資を受けて事業を始める。

9 事業開始後おおむね7年以内で(1)～(8)のいずれかを満たしている。

◇その他のプランもバリエーション豊富

この他にも、次のような融資制度があります。

【女性、若者／シニア起業家支援資金】

女性または30歳未満か55歳以上で起業する人、または創業後おおむね7年以内の企業に、最大7200万円（運転資金4800万円）の貸付を行う。

【再挑戦支援資金（再チャレンジ支援融資）】

廃業歴等があり新たに事業を始める人、または創業後おおむね7年以内の企業に、最大7200万円（運転資金4800万円）の貸付を行う。

【生活衛生新企業育成資金】

生活衛生関係の事業を創業しようとする人、または創業後おおむね7年以内の企業を対象に次の貸付を行う。①振興事業貸付：振興計画認定組合の組合員に最大7億2000万円（運転資金5700万円）、②一般貸付：設備資金最大4億8000万円

【挑戦支援資本強化特例制度（資本性ローン）】

新規開業資金、女性、若者／シニア起業家支援資金、再挑戦支援資金等の対象者に、創業・新事業展開・海外展開・事業再生等に取り組む際の財務体質強化資金として、4000万円の貸付を行う。

日本政策金融公庫は営利を目的とせず、多くの事業主に利用されるために設けられた金

融機関であり、事業計画をもとに実績がない企業への融資を積極的に検討してくれます。ただしその分、しっかりとした返済計画を立てなければなりません。

また特別な事情がない限り「資金不足で今月の返済日に返済できなかった」ということが2回続くと、その後、新規融資を受けることが難しくなります。返済期間のラスト半年間は特に厳しくなり、1回でも返済が遅れると新規融資を受けることができなくなるため、注意が必要です。

逆に、問題なく返済をしていけば、担当者が自ら「手元資金を厚くしておきませんか」と新たな融資を提案してきたり、「新しい融資を受けませんか」と、自社に合った融資制度を紹介してくれることもあります。

創業融資は実績ゼロでもお金を借りられる一生に1度のチャンス

◆信用保証協会とは何か？

銀行が中小企業への融資審査を行うときは、決算書による格付けが中心になります。このため経営実績がない創業前または創業直後の中小企業が民間の金融機関から借入をすることは、容易ではありません。

そこで、創業前後の中小企業を支援する「創業資金融資」があります。日本政策金融公庫の新創業融資制度や新規開業資金などはその1つであり、他に、都道府県や市町村などの各地方自治体と信用保証協会による「創業融資制度」があります。

まずは信用保証協会について説明します。

信用保証協会とは、中小企業や小規模事業者の円滑な資金調達を支援する公的機関です。

経営者が事業資金の融資を金融機関に申し込む際に公的な保証人となり、万が一返済できなくなったときに、その企業に代わって負債の80％を返済します（代位弁済）。セーフティネット融資、創業融資など様々な制度を使うと100％保証となります。

信用保証協会の保証を受けるには審査が必要であり、主に事業内容や経営計画などをもとに諾否が決定されます。保証が承諾され、信用保証協会の保証によって企業が金融機関から融資を受けることができたときには、保証委託の対価として、企業は信用保証協会に信用保証料を支払います。

この信用保証協会の保証を受けることで実現できるのが、創業融資制度です。

【創業融資制度】

地方自治体が中小企業や創業を目指す人をサポートするため、金融機関・信用保証協会と協力をして融資を実施する制度です。自治体が一定の貸付資金を金融機関に預け、資金を受け取った金融機関が中小企業への融資業務を行う形態を取っています。

この融資制度を受けるためには、次の3点をすべて満たさなければなりません。

信用保証制度の仕組み

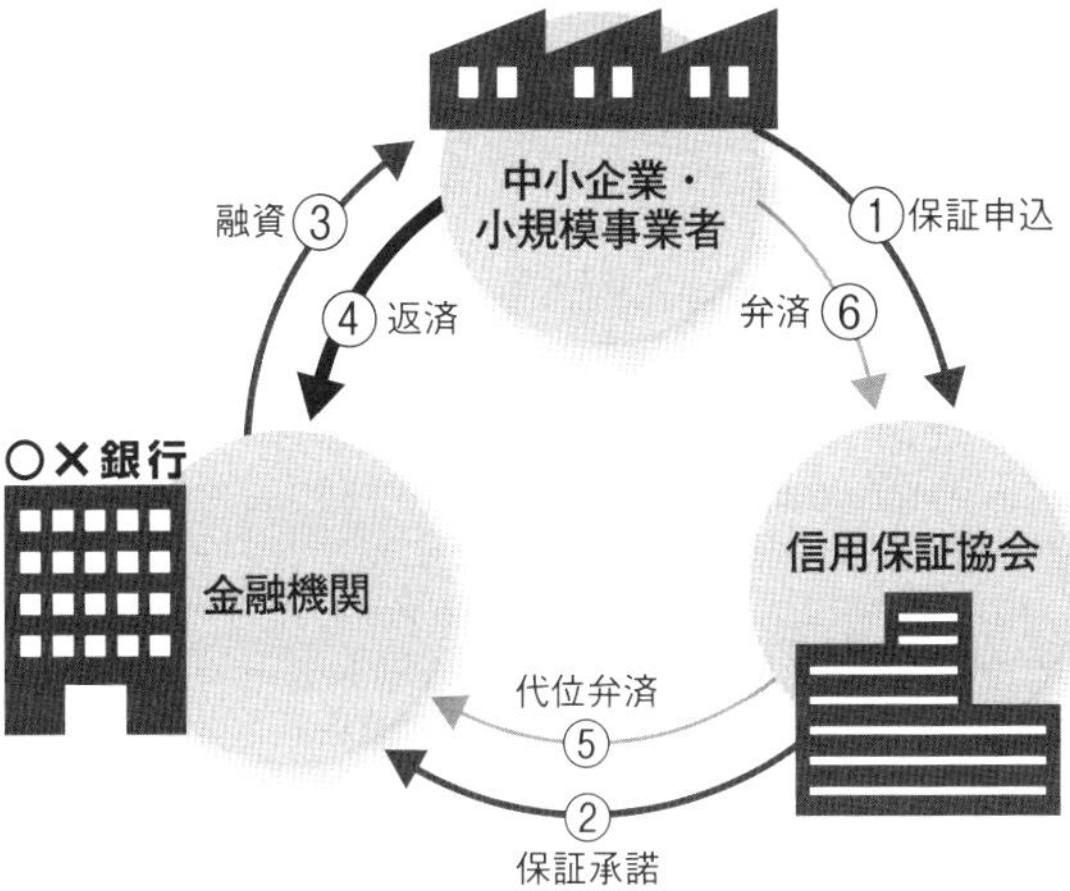

（全国信用保証協会連合会HPより http://www.zenshinhoren.or.jp/guarantee-system）

・自治体が管轄する地区に在住する中小企業・小規模事業者である。
・信用保証協会の対象業種である。
・自治体の管轄地域に事業所等がある。

◆融資を受けるまでの流れ

各自治体には複数の融資制度があり、融資の内容や条件は自治体により異なりますが、主な流れは次のようになります。

1 自治体に斡旋の申し込みを行い、審査を受ける。審査に通ると紹介状がもらえる。

2 指定金融機関に自治体の紹介状を提出して、融資の申し込みを行う。このとき金融機関経由で信用保証協会に保証の申し込みを行う。

3 信用保証協会の担当者と面接をする。

融資の比較

	日本政策金融公庫	自治体制度融資（創業融資制度）	
		都道府県	市区町村
分かりやすさ	比較的わかりやすい	多少わかりにくい	
融資限度額	無担保・無保証人：1,500万円 有担保・有保承認：7,200万円	800万円～2,500万円程度 （平均1,000万円前後）	
利率、金利	2.6%（H27年1現在）	2%～2.5%程度	
信用保証料	不要	必要	必要
利子補給	なし	ないことが多い	あることが多い
保証料補助	なし	ないことが多い	あることが多い
融資期間	運転：7年／設備：10～15年	5～7年程度	
審査期間	1カ月程度	1カ月程度	斡旋がいる場合 2カ月程度
面談回数	1回	1回	斡旋がいる場合 各区による

4 保証決定後、金融機関の審査を受ける。
5 金融機関の審査に通れば、融資が実行される。

地方自治体の政策の一環であるため金利が比較的低く、金利の一部を負担する利子補給や、信用保証料の補助等の優遇措置を設けている自治体もあります。

また、都道府県と市町村の創業融資制度を併用することはできませんが、日本政策金融公庫の融資と併用することは可能です。それぞれの特徴をつかみ、うまく組み合わせて効率よく資金を調達しましょう。滞りなく返済し、実績を作っていくことで、経営を改善していきましょう。

事業計画書を制する者は創業融資を制する

◆「事業に対する熱意」より大事なもの

日本政策金融公庫で創業融資を受けるために最も重要となるのは「事業計画書」です。

創業前でまだ実績がない、または創業したばかりで実績を表す決算書がない企業に対して「融資を行うか否か」の判断基準となるのが、事業計画書だからです。

審査で落とされてしまった人の事業計画書の多くに、以下のような不備があります。

・書きたいことを書いているだけで、審査担当が知りたい内容が入っていない。
・独りよがりな事業内容で、社会的・政策的な意義が見当たらない。
・事業に対する熱意は伝わるが、具体的な事業計画が書かれていない。
・文字ばかりで埋め尽くされており、具体的なイメージが見えてこない。

どうしてこのような事業計画書になってしまうのでしょうか。

それは多くの起業家や、税理士のような専門家ですら、事業計画書の作成について大きな勘違いをしているからです。

何を勘違いしているかと言うと「事業に対する熱意を伝え、審査員の心を打つこと」を重視していることです。

実績がないため、その事業が成功するかどうかは「創業の目的や動機」「事業が社会に与える影響」「経営の土台となる一貫した理念の有無」「理念に基づいた計画が作られているかどうか」などから判断される――と考える人が多いようです。

つまり、審査員の心に響く「加点ポイント」をより多く稼いだ事業計画書が、審査に通る事業計画書であるという考え方です。

しかし、それは間違いです。

事業計画書の審査は「加点方式」ではなく「減点方式」です。

審査される項目はあらかじめ決まっており、各項目に「3点」「5点」という点数が設定され、すべての項目を満たせば100点満点になるように割り振られています。

つまり「創業者の熱意」に関する項目に20点が割り振られていた場合、どれだけ心に響くように工夫して書いたとしても、20点以上を稼ぐことはできません。その部分だけに注力して、別の項目をおろそかにすると、どんどん減点され、合格基準点を下回ってしまうのです。

事業計画書作成のポイントは、次の2つです。

・100点満点からの減点方式であることを意識する。
・すべての審査項目をきちんと盛り込む

審査員は事業計画書を審査項目と照らし合わせてチェックしていきますが、もちろんその審査項目が公開されることはありません。しかし、募集要項をしっかりと読んで分析していけば、どのような審査項目が存在しているのか、おのずと浮かび上がってきます。

それらをリストアップして「事業計画書に全項目を記載する」作業を行います。

事業計画書作成の具体的なポイント

◆必ず書くべき内容は？

事業計画書は、主に以下のような内容で構成されています。まずは箇条書きでもいいので、簡単に自分の言葉で説明してみましょう。

・どのような業種・業態か。
・どのターゲットに向けた、どのような商品（サービス）か。セールスポイントは何か。
・市場規模はどれくらいか。
・現在、ユーザーにとって満たされていないニーズは何か。
・どのような取り組みによって商品（サービス）をターゲットに提供するか。
・本事業はどのようにしてユーザーのニーズを満たすか。

制度によって様式の違いはありますが、それらの内容を以下の項目に細分化して説明したものが、事業計画書です。

1 事業計画名
2 事業の概要
・自己紹介：経歴と強み
・事業化の動機・背景
・ビジネスモデルの概要
・本事業の収益性の概要
3 ユーザー、市場規模（概算）
4 ユーザーニーズ
5 現状の課題
6 本事業での解決
7 本事業において必要な設備等
8 事業投資の具体的な目標

9 他社との差別化
10 市場規模
11 販路拡大方法
12 実施体制
13 損益計画

◆その事業に「説得力」はあるか？

事業計画書にはこれらの項目をすべて盛り込む必要があります。

そして、その中でも特に注力すべき項目があります。

日本政策金融公庫の創業融資である「新創業融資制度」と「新規開業資金」の要項を見ると、どちらにも共通した条件があります。

・現在の企業に継続して6年以上勤務している、または現在の企業と同じ業種に通算で6年以上勤務しており、新たに始める事業も同様の事業である。

・大学等で修得した技能等と密接に関連した職種に継続して2年以上勤務しており、その

職種と密接に関連した業種の事業を始める。

新しい事業を始めようとしている人が、その業種に関する経験があるかどうか。

これは重要なポイントです。

たとえば、

「飲食店で10年間調理師として勤めているうちに、もっと素材を活かしたメニューを作りたいというこだわりが強くなった。試しに地域のイベントに出店したところ行列ができるほど好評で、地元の人から店を出してほしいと言われたため、独立開業を決意した」

このような経緯であれば、調理師としてのキャリアがあり、客が入ることも予測できるので、安心してお金を貸すことができます。

逆に「これまでホームページ制作会社でグラフィックデザイナーとして働いていたが、飲食店を開業することになったので、お金を貸してほしい」という人に対しては「その事業は成功するのか？」と疑問がわきます。

しかし、そのグラフィックデザイナーが飲食店のホームページ制作を主に担当していたのなら、話は別です。たとえば、

☆　この書類は、ご面談にかかる時間を短縮するために利用させていただきます。
　　なお、本書類はお返しできませんので、あらかじめご了承ください。
☆　お手数ですが、可能な範囲でご記入いただき、借入申込書に添えてご提出ください。
☆　この書類に代えて、お客さまご自身が作成された計画書をご提出いただいても結構です。

5　従業員

常勤役員の人数（法人の方のみ）	人	従業員数（うち家族）	人（　人）	パート・アルバイト	人

6　お借入の状況（法人の場合、代表者の方のお借入れ（事業資金を除きます。））

お借入先名	お使いみち	お借入残高	年間返済額
	□住宅 □車 □教育 □カード □その他	万円	万円
	□住宅 □車 □教育 □カード □その他	万円	万円
	□住宅 □車 □教育 □カード □その他	万円	万円

7　必要な資金と調達方法

	必要な資金	金額	調達の方法	金額
設備資金	店舗、工場、機械、備品、車両など （内訳）	万円	自己資金	万円
			親、兄弟、知人、友人等からの借入 （内訳・返済方法）	万円
			日本政策金融公庫　国民生活事業からの借入	万円
			他の金融機関等からの借入 （内訳・返済方法）	万円
運転資金	商品仕入、経費支払資金など （内訳）	万円		
	合　計	万円	合　計	万円

8　事業の見通し（月平均）

		創業当初	軌道に乗った後 （　年　月頃）	売上高、売上原価（仕入高）、経費を計算された根拠をご記入ください。
売上高①		万円	万円	
売上原価②（仕入高）		万円	万円	
経費	人件費（注）	万円	万円	
	家賃	万円	万円	
	支払利息	万円	万円	
	その他	万円	万円	
	合計③	万円	万円	
利益 ①－②－③		万円	万円	（注）個人営業の場合、事業主分は含めません。

ほかに参考となる資料がございましたら、計画書に添えてご提出ください。

（日本政策金融公庫　国民生活事業）

※日本政策金融公庫の雛形では「創業計画書」となっていますが、内容に違いはありません。

創　業　計　画　書

〔平成　　年　　月　　日作成〕

お名前

1　創業の動機（創業されるのは、どのような目的、動機からですか。）

	公庫処理欄

2　経営者の略歴等

	年　月	内　容	公庫処理欄
経営者の略歴			
	過去の事業経験	□ 事業を経営していたことはない。 □ 事業を経営していたことがあり、現在もその事業を続けている。 □ 事業を経営していたことがあるが、既にその事業をやめている。 （⇒やめた時期：　　年　　月）	
	取得資格	□ 特になし　□ 有（　　　）	
	知的財産権等	□ 特になし　□ 有（　　（□ 申請中　□ 登録済　））	

3　取扱商品・サービス

		公庫処理欄
取扱商品サービスの内容	①　　（売上シェア　　%） ②　　（売上シェア　　%） ③　　（売上シェア　　%）	
セールスポイント		

4　取引先・取引関係等

	フリガナ 取引先名 （所在地等）	シェア	掛取引の割合	回収・支払の条件	公庫処理欄
販売先	（　　）	%	%	日〆　　日回収	
	（　　）	%	%	日〆　　日回収	
	ほか　　社	%	%	日〆　　日回収	
仕入先	（　　）	%	%	日〆　　日支払	
	（　　）	%	%	日〆　　日支払	
	ほか　　社	%	%	日〆　　日支払	
外注先	（　　）	%	%	日〆　　日支払	
	ほか　　社	%	%	日〆　　日支払	
人件費の支払	日〆　　日支払（ボーナスの支給月　　月、　　月）				

「飲食店のホームページ制作を主に担当していて、これまで50件以上の飲食店の店長と経営に関する深い話をしてきた。どのようなコンセプトの店が繁盛するのか、どのようなメニューにリピーターがつくのか等、実例に基づいたデータを作成していたところ、ちょうど独立を考えていた調理師に誘われ、一緒に新しい店を作ることにした。その調理師は雇われていた店で仕入を任されていたこともあり、地元の農家を中心に、全国各地に仕入れ先を持っている。年に2回の地域のイベントに個人的に出店しており、素材を活かした味が客に好評で、早く店を出してほしいと言われていた」

このような経緯であれば、現職がグラフィックデザイナーだとしても「飲食店を開業して、利益を出す」という計画に説得力が出てきます。

日本政策金融公庫の創業計画書には、1番目に「創業の動機」、2番目に「経営者の略歴等」を記入する欄があり、3番目にようやく「取扱商品・サービス」欄が出てきて、商品やセールスポイントの説明になります。

創業動機は、単に「〇〇がしたい」という情熱だけではいけません。会社を作るということはその事業を成功させる自信があるということであり、その根拠となるのが経歴です。どの制度でも、この部分に100点満点のうち3割は点数が割り振られているものと考えて、説得力のある内容を記入しましょう。

◆質問にもしっかり答えられるように

その他、審査で重視されるのは事業内容に「革新性」があり、かつ「実現可能」であることです。

たとえば面接では、次のような質問をされます。


「この事業はどれだけの利益が見込めるのですか。その根拠は？」

「この事業のメインターゲットは誰で、ターゲットにはどのようなニーズがありますか？」

「競合となる会社はどこですか？　その会社とどのような違いがありますか？」

「融資は何に使いますか？」

「向こう3年間の売上・利益目標はどれくらいですか？」

「事業資金はどこから調達しますか？」

「この事業遂行の根拠となる資源・強みは何ですか？」

このような質問に答えるときは、事業計画書や収支計画書の内容と矛盾しないよう、しっかりと説明をすることが大事です。

利益とその根拠について↓「2 事業の概要」
メインターゲットやニーズについて↓「3 ユーザー、市場規模」「4 ユーザーニーズ」
競合となる会社、差別化について↓「9 他社との差別化」
融資の用途について↓「13 損益計画」
3年間の売上・利益目標について↓「13 損益計画」
事業資金の調達先について↓「13 損益計画」
事業の強みについて↓「2 事業の概要」

日本政策金融公庫の融資の際は、税理士など専門家の同席が可能です。
日本政策金融公庫の担当者によっては、税理士事務所に来て面談をしてくれることもあります。

しかし、事業内容は経営者自ら説明しないとマイナスの評価となってしまいます。

保証協会付融資のときは、税理士などの専門家は同席できません。

専門家に頼るのではなく、できれば何回も面接のロールプレイングを行い、わからないことがあれば必ず確認をして、すべての疑問を解消しておきましょう。

保証協会付融資など融資の種類については、第3章で説明します。

第3章

銀行融資の組み方、教えます

銀行の仕組みを知っておきましょう

◆「銀行」といってもいろいろある

起業したばかりの経営者は、よく「銀行との付き合い方がわからない」と言います。難しく考えずに「どうしたら好きな異性とお付き合いができるか」に置き換えて考えれば、おのずと答えが出てくるはずです。

まずは相手を知ること。

次に、相手が望んでいることを正しく理解して、アプローチをすることです。

順番に見ていきましょう。

なお、「銀行」は「金融機関」の1つですので、ここでは金融機関についても説明します。

1 金融機関の種類と役割

【政府系金融機関】日本政策金融公庫。

100％政府出資の政策金融機関。中小企業や農林漁業者に対する融資制度が豊富で、固定金利、長期融資などのメリットがあります。起業前または起業間もない中小企業への創業融資制度があり、全国152支店で専任の担当者が創業計画書の立て方や融資申し込みの流れ、融資内容等について相談を受け付けています。

【都市銀行】三菱東京UFJ銀行、三井住友銀行、みずほ銀行など。

日本全国に支店があり、海外との取引も活発です。三菱UFJFGやみずほFGなど、都市銀行の中でも特に大きな銀行はメガバンクと呼ばれています。銀行の規模が大きく、取引相手は大手企業が中心で、中小企業への融資は縮小傾向にあります。

【地方銀行】東京都民銀行、千葉銀行、京都銀行など。

都道府県を中心に、商圏内の大手・中堅・中小企業との取引を中心に行っています。地方自治体や公立学校などの各種集金の自動引き落としを一手に引き受けており、地方では盤石な基盤を持っていることが特徴です。地域の活性化を目的に、少額の保証協会付融資から比較的高額なプロパー融資まで幅広く取り扱っていますが、金利や融資姿勢は銀行によって差があります。

【信用金庫・信用組合】朝日信用金庫、さわやか信用金庫、第一勧業信用組合など。

市町村単位を中心とし、広くとも隣県までしか商圏を持たない小さな金融機関です。銀行員は定期預金や小口の融資をその商圏の中小企業に勧める巡回業務を日常的に行っています。融資を受ける場合は基本的に保証協会付融資になり、資金調達力が低いため金利は高めになります。

2 銀行の特徴

銀行は民間企業ですが、制度的に画一化されているため、構造的な変化はほとんどありません。そのため「銀行との付き合い方」は、数をこなすことで確実に上達できます。

銀行には「支店・支社」と「本部」があります。支店は一般企業の「営業」に当たり、企業は支店とお付き合いをすることになります。一方、本部は「本社」に該当します。銀行によって多少の違いはありますが、おおむね「本部で商品開発を行い、支店で売る」という構図になっています。

また、民間企業でありながら、他の企業には見られない特殊な面も存在します。

・顧客よりも組織の事情を重視する。
・投資対象、営業エリア、窓口時間、販売商品等に法律による規制が課せられている。
・債務者が返済不能になり貸付金が回収できなくても、「信用保証協会」が政策的に回収を保証してくれる場合がある。
・利益向上よりもリスク分散を重視し、他行の優良顧客に営業を行う。
・店舗運営の方針等に関して支店長の裁量権が大きい。
・不正防止のため、２～３年周期で人事異動を行う。

◆○○が変わればもはや別の銀行

最後の項目は、銀行と付き合う上で特に押さえておきたい項目です。

銀行の担当者が変わると、融資姿勢は大きく変化します。

担当者は大きく2タイプに分けられます。「積極派」と「慎重派」です。もし、貸付契約を取ることで成績を上げていた営業マンから、融資の審査を行う行員へと担当者が変わってしまった場合、新しい融資の相談を行ったときの対応が180度変わる可能性があります。

また、支店長も異動をします。行員が異動した場合は担当先にしか影響がありませんが、支店長が異動すると、リスクを取るタイプか守りに入るタイプかで、支店そのものの融資姿勢が劇的に変わることがあります。

「以前資金繰りに困ったときに助けてくれた銀行が、支店長が代わってからまったく話を聞いてくれなくなった」

「以前は融資の相談に行っても冷たく断られたのに、支店長が代わってから話を聞いて前向きに検討してくれるようになった」

これは決して珍しい話ではありません。

「支店長が代われば別の銀行になる」と覚えておきましょう。

3 融資姿勢は支店の周辺環境によって異なる

地方銀行や信用金庫では、いわゆる「本部のお膝元」の支店が最高序列となります。本部に近いエリアは優良企業が集まっているため、積極的な営業・融資を行わなくても支店経営が成り立っています。逆に本部から離れた支店は顧客となる企業が少なく、ノルマを達成するために積極的な営業を展開しなければなりません。

このため、中小企業が都会の大きな支店と取引をしても、銀行側にとっては「小さな融資先」でしかないため、あまり話を聞いてくれません。一方、地方の小さな支店では起業する人が少なく、創業融資の話が出てくること自体が珍しいため、何とか融資を通そうと努力をしてくれます。こうした地域差を活用することも、資金調達を進める上で大事な要素になります。

また、地域によって「得意業種」があります。たとえばＩＴ業界は浮き沈みが激しいため、一般的に融資に対して慎重な姿勢を取ります。しかしＩＴ関連企業が多い東京都渋谷区の支店には評価ノウハウが成立しているため、ＩＴ企業への融資に重点を置いています。

他にも、医療福祉分野向けの融資に強い支店、不動産関連の融資に強い支店など、特定分野のノウハウが培われている支店では、他とは異なる評価をしてくれるケースもありま

業種別の適切な資本金と従業員数

業種		資本金	従業員数
製造業など（建設業・運送業・不動産業を含む）		3億円以下	300人以下
	ゴム製品製造業（自動車または航空機用タイヤおよびチューブ製造業並びに工業用ベルト製造業を除く）	3億円以下	900人以下
卸売業		1億円以下	100人以下
小売業・飲食業		5千万円以下	50人以下
サービス業		5千万円以下	100人以下
	ソフトウェア業／情報処理サービス業	3億円以下	300人以下
	旅館業	5千万円以下	200人以下
医業を主たる事業とする法人		──	300人以下

全国信用保証協会連合HPより http://www.zenshinhoren.or.jp/basic/index.html

す。

まずは銀行の種類、特徴、融資姿勢をしっかりと把握し、自社に合う銀行かどうかを判断しましょう。

4 融資の種類

【保証協会付融資（マル保）】

信用保証協会が連帯保証人になり、債務者が返済不能になった場合は、金額の80％を保証協会が銀行に支払います。保証枠は、無担保8000万円、有担保2億円（セーフティネット保証では別枠として同額の保証）。

「信用保証制度」は中小企業・小規模事業者のための制度であり、利用条件として、上の図の「常時使用する従業員数」または「資本金」のいずれか一方に当てはまる必要があります。

【プロパー融資】

保証協会の保証を受けない融資のこと。不動産を担保にした融資形態が一般的ですが、創業から間もない企業は信用力が低いため、プロパー融資を受けることは困難です。まずは保証協会付融資を受けて、信用力を高めましょう。

次からは、銀行が望むアプローチについて見ていきます。

銀行との付き合い方が企業の存続を左右する⁉

◆銀行との関係が良好か険悪かわかるチェックリスト

銀行に対して、次のような考えを持っていませんか。
チェックがついた場所は、必ず改善するようにしてください。

□どの銀行でも、自社に対する評価は同じである。

↓銀行では融資審査の際、決算書のデータを「審査用分析ソフト」で評価しています。評価要素に大きな違いはありませんが、どの要素を重視するかは、銀行によって異なります。このため「A銀行では融資が下りなかった決算書を、そのままB銀行に持っていって申請をしたら貸してもらえた」というケースは多々あります。

銀行はそれぞれ異なる性格を持っています。得意分野や不得意分野があり、融資の際に重視するポイントもさまざまです。自社の優れた部分と、融資審査で重視する部分がぴったり合う銀行を探す必要があります。

□同じ銀行であれば、支店が違っても融資条件は同じである。

↓すでに述べたように、支店によって融資姿勢は異なります。そのためA支店で話を聞いてくれなくても、B支店に行けば前向きに検討をしてくれる、という可能性は十分あります。さらに同じ支店であっても、支店長や担当者の異動によって状況が変わるため、異動時期のタイミングに合わせて相談を持ちかけるのも手です。

□銀行からの飛び込み営業を、他の営業と同じように受付係が断っている。

↓銀行は「借りたいと言う企業には貸さず、もう借りなくてもいいと言う企業に貸したがる」組織です。つまり、銀行と新規の取引をしたい場合は、こちらから銀行の窓口に足を運ぶのではなく、銀行の方から来てもらわなければなりません。

企業の命とも言える資金を提供してくれるのは、主に銀行です。

「借りませんか」と言ってもらえるうちが花です。お金を借りて、実績を作れるときに作っておき、銀行と友好な関係を築いておかなければ、業績が落ちたとき、どこからも借入ができなくなって会社が潰れてしまうかもしれません。

銀行からの飛び込み営業は必ず社長が受けて、話を聞きましょう。

□借入後、決算書は提出するが、残高が不足した等の緊急時以外は、取引銀行と連絡を取る必要はない。

↓審査をして融資を実行しても、銀行は常に「あの会社はきちんと返済してくれるだろうか」という不安を抱いています。そのため担当者とは日常的にコミュニケーションを取り、3カ月に1回は経営状況を報告するために支店に足を運んで、現状を伝えましょう。業績が悪いときも正直に報告しなければなりません。その際は「この点に関しては、このように改善していくつもりです」という前向きな姿勢を見せて、滞りなく返済していく意志を伝えることが肝要です。

◆銀行に「貸さないと損」と思わせる

次に、銀行に「貸さないと損をする」と思わせるために、次の3点を実行しましょう。

1 複数の銀行と付き合う。

前項目で述べたように、銀行は顧客よりも組織の事情を重視します。銀行の業績が悪くなったり、支店長が交代したりすると、

「以前はこの条件で貸してくれたのに、どうして今回はダメなんだ⁉」

と、新規融資が急に困難になることがあります。

「勝手に方針を変えられて押しつけられても困る！」などと、いくら言っても無駄です。銀行とは、そういう組織なのです。

銀行の事情に振り回されて、必要なときにお金が借りられない。そのような事態を避けるためにも、必ず、複数の銀行と取引をしておきましょう。

行員には営業ノルマが課せられており、自社のシェアをライバル銀行に奪われることを嫌います。そのため、

「A銀行さんとは長い付き合いなので、こちらから借りたいと思っていましたが、交渉に応じてもらえないのなら、仕方ありません。B銀行がこの条件で貸してくれると言っているので、そちらと契約します」

このような台詞が言えるようになれば、交渉の主導権を握り、話を有利な方向に進める

ことができるようになります。

2 借りられるだけ借りて「もう借りなくてもいい」状況を作っておく。

銀行は、お金がある企業にお金を貸したがります。また、他の銀行から多額の借入をしている企業に「ぜひうちの銀行からも」と借入を勧めてきます。

第1章でも述べましたが、黒字であっても扱っている数字が小さく、銀行から1度も借入をしたことがない会社は、相手にしてもらえません。逆にギリギリ黒字、または赤字であっても他の銀行から多額の借入をして、大きなお金を動かしている会社には「ぜひうちの銀行からも借りてください」と、営業マンが寄ってきます。

まずは借りられるだけ借りて、会社の資金を厚くしておきましょう。そうした上で、「今はまだ必要ないけれど、仮に何かあったときのために借りておくとしたら、金利や返済期間などの条件はどうなりますか？」

という相談を日頃からしておくことです。すると「この会社が資金を必要としたときに、うちの銀行から融資をしなければ、他行に奪われて損をする」と思わせることができます。

3 担当者を喜ばせる。

担当者には一行員としてのノルマが課せられています。そのため年度末の3月に「1カ月だけでいいので、定期預金を入れてもらえませんか」といった、目標達成のお手伝いを頼まれることがあります。そうした要望には、できる限り応えてあげましょう。

また、個人的に借入をしたり、従業員の給与振込口座を開設するなど、銀行のメリットになることは、どんどんやっておくことです。

助けてもらった相手には、恩を返したくなるものです。日頃からしっかりと信頼関係を築いておけば、多少難しい条件で融資を申し込んでも、何とか審査を通そうと努力をしてくれるようになります。

繰り返しになりますが、社長の仕事は、いつでも資金が調達できる状況を作っておくことです。それは社長にしかできない仕事なのです。

融資は「格付け」で決まります

◆格付けを決める2つのポイント

企業から融資の申し込みがあったとき、銀行が融資を行うか否か、行う場合はどの程度の金利を設定するか、その判断基準となるのが「金融検査マニュアル」に基づいた企業の格付けです。

格付けは「定量的評価」と「定性的評価」の2種類の評価で行われます。

・定量的評価：

決算書の分析結果をもとに、安全性・収益性・成長性・返済能力等を評価したものです。

・定性的評価：

経営者の姿勢など、数値化できない評価です。たとえば市場規模、競合状態、業歴、経営方針、従業員のモラル、経営基盤、競争力、シェア、経営者の個人資産力などから評価されます。

定性的評価はあくまで救済的・補完的役割であり、メインは定量的評価です。経営方針や従業員がどれだけ素晴らしくても、財務内容が悪ければ格付けは上がりません。

また、決算書の分析結果に疑問や懸念が発生すれば、銀行は企業に対して質問し、納得のいく説明を求めます。このとき、企業側が十分な説明やその根拠となる資料などを用意できず、銀行の疑問や懸念を解消できなければ、格付けは下がってしまいます。

各金融機関の格付け基準は非公表ですが、次のように10程度に振り分けられるスタイルが多いようです。

1 リスクなし：

財務内容が優れており、債務履行の確実性は極めて高い水準にある。

2 ほとんどリスクなし：

財務内容が良好で、債務履行の確実性は高い水準にある。ただし事業環境等が大きく変化した場合には、その確実性が低下する可能性がある。

3 リスク些少：

財務内容は一応良好で、債務履行の確実性は十分にある。ただし事業環境等が変化した場合には、その確実性が低下する可能性がある。

4 リスクはあるが良好水準：

財務内容は一応良好で、債務履行の確実性は認められる。ただし事業環境等が変化した場合はその影響を受けて、確実性が低下する懸念がやや大きい。

5 リスクはあるが平均的水準：

債務履行の確実性は当面問題ないが、事業環境等が変化した場合はその影響を受けて、履行能力が損なわれる要素が見受けられる。

6 リスクはやや高いが許容範囲：

債務履行の確実性は現在において問題ないが、業況や財務内容に不安な要素があり、事業環境が変化すれば履行能力が損なわれる可能性があるため、業況推移に注意を要する。

7 リスクが高く管理徹底：
業況低調または不安定、財務内容に問題があり、債務の履行に支障をきたす懸念が大きい。

8 警戒先：
財務内容に重大な問題があり、債務の履行状況に問題が発生しているかそれに近い状態。今後、経営破綻に陥る可能性が認められる。

9 延滞先：
経営難の状態にあり、経営改善計画等の進捗が芳しくなく、今後、経営破綻に陥る可能性が高い。

10 事故先：
深刻な経営難の状態にあり、実質的な破綻状態に陥っている、または法的・形式的な破綻の事実が発生している。

◆格付けは「正常先」か？

この格付けをベースに決定されるのが、債務者区分です。どの区分に分類されるかにより、新たに融資を申し込んだときの銀行の融資姿勢が変わります。もし正常先より下に分類されてしまったら、新規融資はかなり困難になります。

【正常先】

業績が良好であり、かつ財務内容にも問題がない債務者。

【要注意先・要管理先】

貸出条件に問題がある、債務履行状況に問題がある、業況が低調、財務内容に問題がある等の債務者。

【破綻懸念先】

経営難の状態にあり、経営改善計画などの進捗状況が芳しくなく、今後経営破綻に陥る可能性が大きい債務者。

【実質破綻先】

深刻な経営難の状態にあり、再建の見通しがない状況で、実質的に経営破綻に陥っている債務者。

【破綻先】

法的・形式的な経営破綻の事実が発生している債務者。

自社の格付けおよび債務者区分を上げるためには、評価のもとになる定量的評価と定性的評価を向上させなければなりません。特にウェイトの高い定量的評価の向上が近道になります。

定量的評価を上げるためには「借入金等の負債の圧縮」「営業利益を増やす」といった方法がありますが、最大のポイントは「自己資本比率を増やす」ことです。

自己資本比率とは「総資本」の中で「自己資本」が占めている割合のことです。総資本は外部から調達した借入金などの「他人資本」と、自己資金や補助金などの「自己資本」の合算です。

他人資本は、返さなければいけないお金です。

それに対し、自己資本は自社の資本ですから、返さなくてもいいお金です。

返さなくてもいいお金が多ければ多いほど、資金繰りに余裕があり、経営が安定している強い会社であると評価されるのです。

会社の格付けが高くても、融資を断られることがあります。

その場合、原因は事業主にあります。事業主の借金力＝信用力が落ちているためです。

たとえば、毎月の携帯電話の支払い。これを1度でも滞納したことがある人は、信用力が落ちています。クレジットカードの支払いも同様です。たまたま引き落とし口座の残高が不足していただけだとしても、支払い不能になったという事実は残っているのです。

そうした個人の信用情報は、すべて「ＣＩＣ（割賦販売法・貸金業法指定信用情報機関）」にデータとして残されています。どの会社のクレジットカードを持っているか、どこの携帯電話会社と契約をしているか、どこでローンを組んでいるか等の個人情報を、自分の情報であれば、いつでも確認できます（クレジットカード番号と電話番号、手数料１０００円が必要です）。銀行も本人の許可を得た上で、ここから融資相手の情報を入手しています。

過去に何らかのクレジット払いを滞納した覚えがある人は、必ずＣＩＣのサイトにアクセスして、自分の信用力がどうなっているか確認しておきましょう。

ＣＩＣＨＰアドレス：http://www.cic.co.jp/index.html

◆1億円までの調達は格付けをあまり意識する必要はない

前項で記載したとおり、民間金融機関からの借入（プロパー融資）は、「格付け」に大きく影響されます。

しかしプロパー融資以外の調達手段として、【信用保証協会付融資（マル保）】と【日本政策金融公庫の融資】があります。

いずれも国の機関ですので、民間の金融機関ほど「格付け」に縛られてはいません。

もちろんしっかり審査をしますが、決算内容だけで機械的に判断しないという意味です。

特に日本政策金融公庫は取引実績を重視するため、既存借入れの返済状況が良好であれば「格付け」が低い企業であっても新規融資を出すケースはあります。

よく「格付け」に関するテクニカルな情報などが出回っているため、「格付け」対策をすることで融資をたくさん受けられるように錯覚してしまいがちですが、実際は【あまり格付けを意識する必要のない】日本政策金融公庫の無担保融資枠が２０００万円、信用保証協会の無担保融資枠が８０００万円用意されています。

中小企業のうち、年商3億円未満の企業が90％超を占めるといわれていますので、ほとんどの中小企業は政府系の金融機関が用意する1億円で用が足ります。したがって過度に「格付け」を気にする必要はありません。

細かな指標を意識して格付けを上げることに悪戦苦闘するより、しっかりと利益を上げることに専念し、まずは政府系の金融機関と丁寧なお付き合いすることも大切です。

銀行が喜ぶ決算書・嫌う決算書とは？

◆次の3つを必ず確認

それでは、銀行に融資を申し込む前にチェックすべきポイントについて説明します。まずはすぐに確認できる、最も簡単な3つの確認事項を紹介します。

□「銀行名」「支店名」が合っているか。
□「預金・借入残高」が合っているか。

「は？」と思うかもしれませんが、ここを間違えると話になりません。特に銀行や支店の統廃合があった場合は、必ず「銀行名」「支店名」をチェックしてください。自社のためにお金を貸してくださいとお願いする相手の名前を間違えるなど、言語道断です。どれだけ決算書の中身が優秀であっても、悪印象が拭えなくなります。

また「預金や借入残高の数字が合っている」は、当たり前のことです。ごく基本的な部分にミスがあると「真面目に作っていない」と思われ、マイナス評価につながってしまいます。

□役員や株主からの借入金がある場合、役員等からの借入金を「役員長期借入金」、銀行からの借入金を「長期借入金」と、別々に記載しているか。

金融庁は銀行に対して、短期間で返済する必要がない役員や株主からの借入について、「資本」とみなすよう指導しています。

借入金は負債ですが、「役員長期借入金」という別項目にするだけで、銀行はこれを「資本（＝返済不要の資金）」と判断し、評価を上げてくれます。

◆「利益」はどれだけ出せばいいか？

次に、最重要ポイントである「利益」関連の項目をチェックしていきます。

□損益計算書の「当期純利益」、貸借対照表の「純資産の部」がプラスの数字になっているか。

この2つがプラスであるということは、利益がきちんと出ており、債務超過に陥っていないということです。特に当期純利益が大きくプラスになっていれば、かなり融資を受けやすくなります。

利益について、もう少し細かく見ていきましょう。

そもそも銀行が融資を決める「十分な利益」とは、具体的にどの項目が、どれくらいの数字になっていれば良いのでしょうか。

銀行が見ているのは、損益計算書の「経常利益」です。

□経常利益が黒字か。

経常利益の算出方法について、簡単に説明します。

まず、商品を仕入れて販売することで得た利益、つまり売上高から仕入れ値を差し引いた額を「売上総利益」と言います。この状態ではまだ人件費や広告費、光熱費などの費用が引かれていないため「売上総利益」から「販売費および一般管理費」を差し引きます。

その結果が「営業利益」です。

この「営業利益」に受取利息などを加え、借入金の支払利息を差し引いた額が「経常利益」です。そして「経常利益」から特別利益・特別損失（固定資産の売却損益等）を加算・減算し、法人税などを控除したものが「当期純利益」になります。

経常利益が黒字ということは、銀行にとって「利息を払っても利益がプラスのままである」ということであり、高評価を得ることができるのです。

次に、具体的にどれだけの経常利益を出せば良いのか。

借入額や業種、これまでの返済履歴、役員報酬など多数の要因によりますが、一般的に銀行からの借入限度額の目安は、

1 経常利益の10～20倍、
2 年商の2分の1～3分の1

どちらか低いほうの金額であるといわれています。

実際の例に合わせて見てみましょう。

例1

◎年商1億円、経常利益500万円のサービス業の場合

サービス業は特に仕入れが必要ないので、支店オープンなど理由がない場合は厳しくなります。経常利益の10倍で5000万円、年商の3分の1で3000万円。低いほうで3000万円となります。

例2

◎年商2億円、経常利益400万円の卸売業の場合

仕入れが多い卸売業は運転資金が多額に必要になります。経常利益の20倍で8000万円、年商の2分の1で1億円。低いほうで8000万円となります。

特に中小企業においては節税の観点から役員報酬を過大にし、経常利益がマイナスに

陥ってしまうケースが珍しくありません。

役員が会社に貸し付けてお金を戻している場合は、経常利益がマイナスでもカバーできますが、税理士に相談し、融資のことを考えながら役員報酬を設定する必要があります。

利益の他に、次の勘定科目もチェックしておきましょう。

これに当てはまると、いわゆる「融資担当者が嫌う決算書」になります。

- □貸付金が増加している。
- □仮払金が増加している。
- □売掛金が増加している。
- □棚卸資産が増加している。
- □開発費が計上されている。

もしこれらの科目が増加している場合は、改善するために何をしたらいいいか、税理士に相談をしてみてください。

銀行が嫌う5つの勘定科目

◆これがあるだけで「×」印！

決算書の中には「それが計上されているだけで銀行側がマイナス評価を下す」という恐ろしい項目があります。税理士が税金対策のために行ったちょっとした「工夫」のせいで、融資が受けられなくなるというケースは珍しくありません。

決算書に対する価値観は、税理士と銀行では大きなズレがあります。

顧問税理士が「これで大丈夫です！」と太鼓判を押したとしても、必ず自分の目で、次の5つの項目を確認しておきましょう。

【貸付金】

貸付金とは、所定の期日に返済してもらう約束で貸した資金のことです。

これは銀行が最も嫌う勘定科目のため、絶対に計上してはいけません。

どうしても他の勘定科目で処理できない場合は、銀行に対して、①貸付先との関連性、②貸し付けた資金の使途、③返済条件等について、詳しく説明しましょう。

ただし貸付金が毎年同じ金額で計上されていれば、どのような説明をしても、銀行は「返済されない不良債権である」とみなし、自己資本額から貸付金の金額分を減額して評価します。

自己資本が減額されると格付けが下がり、金利が上がってしまいます。

なぜ貸付金がそれほど嫌われているのか。

それはこの勘定科目が、粉飾決算に使われやすいからです。

たとえば事業と関係ない接待費や、使途が不明瞭な支出を処理するとき、さらには費用として処理されるべき支出を、貸付金という「資産」として計上することで会社の利益をその金額分だけ大きく見せるという方法にも使われます。

また、銀行が本事業のために貸したお金が、事業とは無関係のところで使用されることにより、会社が不当な利益を得たり、無用な損害を発生させたりしているのでは、という疑いを持たれてしまいます。

銀行はズルが嫌いです。約束を違えられることはもっと嫌います。

貸付金は絶対に計上してはいけません。そのことを覚えておいてください。


【仮払金】


仮払金とは、後に精算する目的で先払いしたお金のことです。

たとえば、急に地方の顧客のもとへ商品の修理に出向かなければならなくなり、社員に10万円を渡して送り出したとします。その10万円は戻ってきてから精算するよう指示を出しました。

社員に支払った10万円は、精算されるまで経費として確定できません。そのため、とりあえず流動資産として計上されます。これが仮払金です。将来必ず経費として損金処理されるものであるため、資産として計上されていても、資産価値はありません。

ところが決算書を黒字にするために、精算の必要がないものを仮払金にしたり、意図的に精算せずに資産として計上したままにしておいたり、使途不明金を仮払金にするというケースがあるため、銀行にとっては「疑わしい勘定科目」です。

実際に仮払いの必要があって計上せざるを得なかった場合は、備考欄に経緯を記載しておき、さらに直接銀行に説明をして、疑いを完全に晴らしておきましょう。

◆場合によっては問題視されるケース

【(増加する)売掛金】

売掛金と売上高は連動しています。そのため、売上高が増えれば、売掛金も増えます。このような状態であれば、売掛金の増加は何ら問題ありません。

問題とされるのは、売上高の増加よりも、売掛金の増加が大きい場合です。

この場合、銀行は「会社の資金繰りが悪化している」ととらえます。

基本的に売掛金の回収サイクルは、長くても3カ月です。それが回収できていないのであれば、不良債権が発生していると疑われるのは当然です。特別な事情があって、販売先からの回収が滞っているとしても、それは本当に回収できるのか、根拠のある説明が求められます。

さらには「利益が不足したため、架空の売掛金を計上している」という粉飾決算を疑われる可能性もあります。

売上高に対して売掛金の額が不自然に大きくなっていないか、もしもそうなっていた場合はその理由をしっかりと確認して、銀行に説明できるようにしておきましょう。

【(増加する）棚卸資産】

売掛金と同様、売上高が伸びれば在庫も増えます。

売上高の伸び率に連動して棚卸資産が伸びていれば問題視されることはありませんが、そうでない場合、つまり売上高の伸び率よりも棚卸資産の金額が伸びている場合、銀行は2つの状況を想定します。

1つは、商品等の売れ残りが増加して、不良在庫が発生している。

もう1つは、利益確保のために在庫を水増ししている。

銀行は多くの企業の決算書を見ているため、同業他社と比べてその在庫の金額が平均的なものか、そうでないかがわかります。過度に多い場合は不良在庫であるか、時価よりも高い金額を計上しているとみなし、資産価値を低く評価します。

何か特別な事情があって棚卸資産が増加した場合は、銀行側にしっかりと説明をしましょう。いずれにしても、余分な在庫を持たないように気をつけておくべきです。

【開発費】

開発費とは、新市場を開拓するための市場調査費、企画調査費、広告宣伝費、コンサルタント料など、未来の売上につなげるために投入した資金のことです。

支出時は「売上原価または販売費および一般管理費」として処理されますが、開発費として繰延資産にも計上できます。しかし開発費として計上できる範囲が曖昧であり、その曖昧さを利用して、費用で計上すべきものを開発費として計上することで、当期の利益を増やしたように見せかけることができてしまいます。

会計上は資産に分類されていますが、実際は「費用」であり、資産としての価値はありません。黒字確保のために計上しているのでは、と疑われる可能性が高いため、説得力のある説明ができなければ、計上しない方が賢明でしょう。

第4章

助成金と補助金で資金調達をしよう

「助成金」「補助金」って何？

◆返さなくていいお金

資金調達の手段は、金融機関からお金を借りる「融資」ばかりではありません。

国や自治体は、新しいアイデアや技術を持つ企業が増えること、それによって雇用が生まれ、経済活動が活発になることを常に望んでいます。

そのための助成金や補助金が、毎年用意されています。


融資との最大の違いは、原則として返済不要であることです。

返済義務がある融資は「借りたお金」ですが、助成金や補助金は「もらえるお金」です。

数十万、数百万円のお金をもらって返さなくてもいいなんて……と、不安になる人もいるかもしれませんが、その財源は私たちが納めている税金です。特に助成金の財源は雇用保険料の一部であり、起業すれば必ず雇用保険料を納めることになるので、助成金や補助金を受け取ることは、納税者や事業主が元々有している正当な権利と言えます。安心して受け取りましょう。

とはいえ、助成金や補助金は必ずもらえるものではありません。

まず、財源が税金であるため、申請期間や使用用途に制限があります。申請期間が過ぎてしまえば当然もらえません。

また、各助成金・補助金には「○○を行うために交付する」という具体的な目的があり、その目的に合致しなければ受給はできません。政策方針によって毎年内容が変わるため「今年は準備が間に合わなくて申請できなかったから、来年は必ず申し込もう」と思っても、来年も同じ助成金があるとは限りません。

さらに注意すべきは、助成金も補助金も、原則として「後払い」であるということです。申請をして交付が認められたとしても、すぐに入金されるわけではありません。対象となる事業を実施したり制度を導入したりして、その実績報告を行った後に、ようやく交付されるのです。

補助金交付の手順

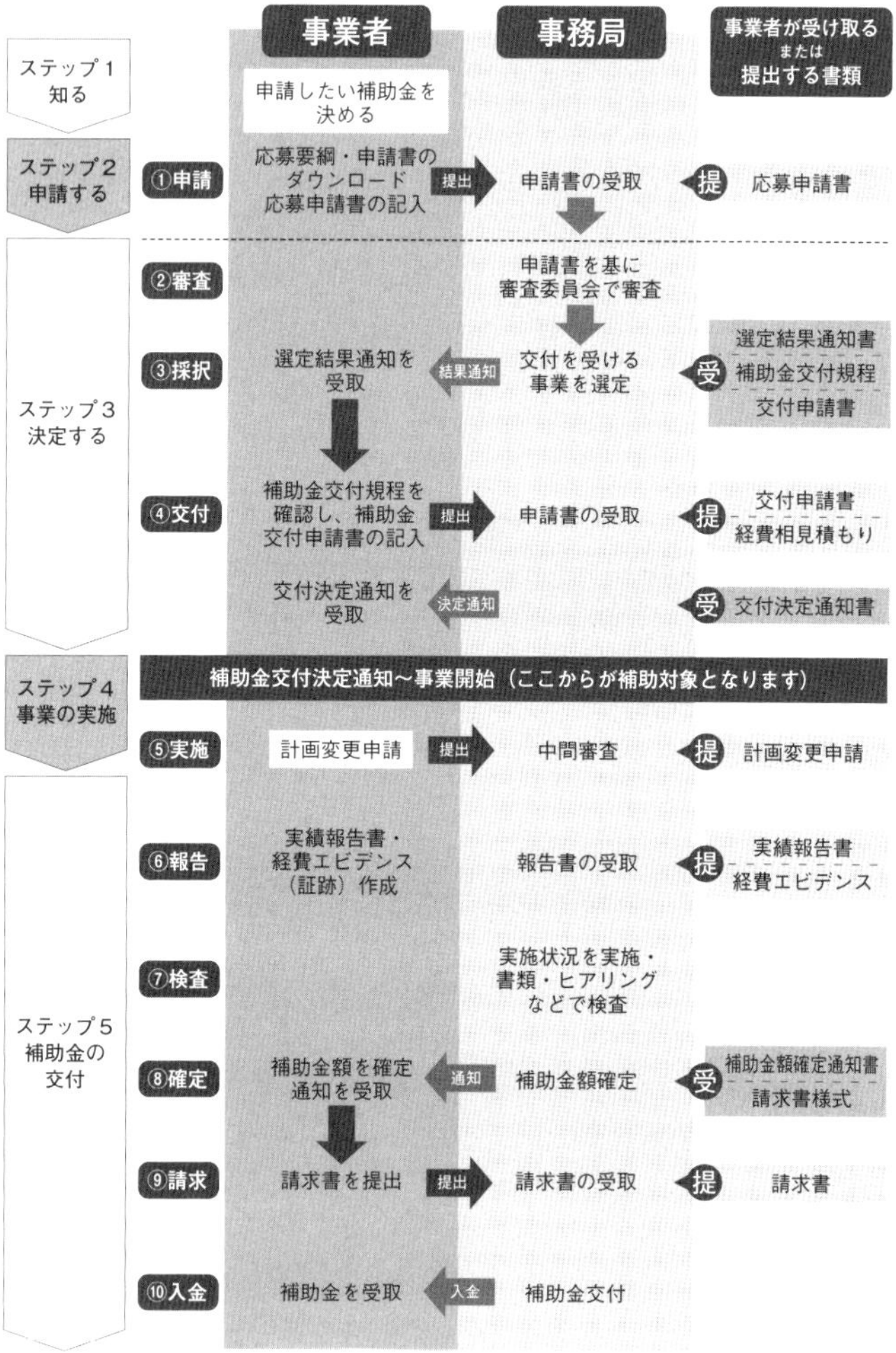

補助金の交付後も定期的に事業の状況報告が必要となります（一定期間）

中小企業庁「ミラサポ」HP より作成
URL：https://www.mirasapo.jp/subsidy/images/subsidy_flow2.pdf

では、それぞれの管轄と目的を見ていきましょう。

【助成金】


厚生労働省と経済産業省、および地方自治体が実施している、返済不要の交付金です。

厚生労働省の助成金は主に雇用関係であり、従業員の新規雇用や教育、障害者や高齢者の雇用、残業の削減、有休や育児休業の充実など、雇用の安定と労働環境の改善を目的として50種類前後が用意されています。

助成額は数十万〜数百万円程度ですが、受給条件に該当し、申請をすれば高い確率で受給が決定されるため、多くの事業主が注目しています。従業員を雇用する予定の起業家は、この制度について事前に調査しておくことをお勧めします。

助成金を少しでも知っている、調べたことがある人なら、助成金＝厚生労働省管轄の雇用関係助成金というイメージがあるでしょう。

一方、別な考え方になりますが、経済産業省管轄の補助金もあります。

経済産業省管轄の補助金は、新しい製品、技術、サービスなどを開発するための研究費

2つのタイプの助成金

	雇用関係	研究開発型
関連省庁	厚生労働省が中心	経済産業省や外郭団体 （他の省庁の助成金もあり）
助成金の数	約50種類	3,000種類以上
助成金の対象	新規雇用や正社員化など ※社会情勢を反映し、教育訓練も対象となる	開発費、外注加工費、市場調査費、コンサルティング費、販促費等の費用が対象
公募時期	おおむね随時	年1・2回がほとんど
受給額	1～1,200万円	500～5,000万円が中心 （1億円をこえる助成金もある）
受給時期	申請認定後	研究開発実施後
倍率	対象になれば○	10～20倍が中心

（助成金ねっとHPより作成　URL：http://www.josei-kin.net/joseikin/）

に加え、今までにないビジネスモデルを事業化するための広告宣伝費やコンサルティング費用などにも適用されます。

最大5000万円という多額の受給額が用意されていますが、書類審査と面接に合格する必要があり、雇用関係の助成金と比べてやり方が異なる制度と言えます。

◆審査が厳しいもの、緩やかなもの

地方自治体が実施している助成金制度は、地域内の産業振興等を目的に、それぞれ独自の内容で実施しています。

例

◎東京都の助成金対象事業
・海外展開技術支援助成事業
・先進的防災技術実用化支援事業
・正規雇用等転換促進助成事業
・若者応援宣言企業採用奨励金　など

◎愛知県の助成金
・あいち中小企業応援ファンド助成事業
・女性の活躍促進奨励金　など

◎大阪府の助成金
・地域福祉振興助成金　など

申請資格は、主にその都道府県または市区町村に事務所を持つ中小企業者や個人事業者、創業予定者であることが多いため、起業を考えている人はその地域で実施している助成金制度について確認しておきましょう。

【補助金】

経済産業省や地方自治体が実施している、返済不要の交付金です。

起業やものづくりの促進、地域活性化、中小企業支援などを目的としており、経済産業省と地方自治体の補助金制度の数を合わせると、その数は3000種類以上あるともいわれています。

助成金との違いは、審査の合格率（採択率）です。

助成金は要件を満たしていればほぼ交付が決定されますが、補助金はその申請内容が制度の趣旨に合致しているか厳しく審査され、採択されないこともあります。

また、補助金制度の多くは国が認定した「経営革新等支援機関」のサポートを受けることが要件に含まれています。

経営革新等支援機関は一定の専門知識や実務経験を持つ者に対して国が認定する公的な

支援機関の資格であり、中小企業や小規模事業者の経営相談等を担っています。補助金の申請から、事業計画等の策定、実行支援、進捗状況の管理など、より確実に補助金の交付が受けられるようにフォローしてくれる存在です。

ただし地方自治体の補助金は国に比べて予算が少ないため、採択される件数も多くはありません。また募集期間も短く、競争率が激しくなるため、「狭き門」になることもあります。

「助成金」と「補助金」の違い

◆目的と意義を理解しよう

助成金も補助金も、どちらも国や地方自治体から交付される、返済義務のないお金です。

そのため、

「じゃあ、どっちを申請すればいいの？　どっちに申請した方が得なの？」

と、混乱する人もいるでしょう。

まずは意識を切り替えて、助成金や補助金を単なる「タダでもらえるお金」としてとらえるのではなく、その目的と意義について理解していきましょう。

【助成金】

助成金は、ある目的を実現するために努力や工夫を行った企業に対して交付される「ご褒美」のようなものです。

特に厚生労働省が実施する雇用関係の助成金は、一般的な融資や補助金とは大きく趣旨が異なります。

助成金は「もらうこと」が目的ではありません。

助成金をもらうためには、さまざまな労働環境の整備を行う必要があります。

たとえば従業員の教育や正社員化、育児休業の活用、有給休暇の増加、残業時間の削減を実現することでもらえる助成金制度がありますが、これらはいずれも、実施したところですぐには効果が現れない、それどころか当面はマイナスの影響が出るものです。

社員の教育を行った場合、教育期間中は生産活動ができません。パート社員を正社員にすれば人件費が増加しますし、社員が育児休業を取れば現場の戦力がダウンします。残業を減らせば業務時間が足りなくなるため、仕事の効率化を図る必要があります。

しかし、それは長い時間をかけて徐々に効果が現れてきます。

教育によって知識や技術のレベルが上がった社員は、より優れた仕事をするようになります。パート社員は正社員になることで責任感が強くなり、会社への貢献度が上がります。育児休業の利用率が高まれば、その都度業務の見直しを行って無駄をなくしたり、育児休業からの復帰が円滑に行われる企業として社会に好印象を与えることができます。仕事の効率化を進めて残業を減らすことができれば、社員のワークライフバランスが改善し、満足度も上がります。

これらは大半の企業が「やった方がいいと分かっているけれど、今すぐには影響がないし、面倒だし、お金がかかって大変だから、やらない」と感じ、着手していません。教育や正社員化をしなくても、会社経営を続けていくことができるからです。

社会のために「面倒くさいしお金がかかって大変なこと」を行ってくれた企業に、ご褒美として厚生労働省がお金を交付する。

それが助成金なのです。

実際、雇用関係の助成金は多くても数百万円程度です。

教育プログラムを作って実行したり、就業規則を変更したり、業務効率化のために新しい設備を導入したりしても、もらえるのは微々たる額です。支払った労力や費用にまったく見合いません。そのため「助成金を受けたい」と相談に来た事業主の中には、申請準備の途中で「もういいです」と、諦める人がたくさんいます。

繰り返しになりますが、雇用関係助成金は「お金をもらうために申請する」ものではありません。「労働環境を改善するためにさまざまな努力をした結果としてお金をもらえる」という制度なのです。

【補助金】

補助金は、その名の通り「補助」するためのお金です。

何を補助するのかと言うと、事業に必要な設備投資費、自社ホームページの作成費用、販路を開拓・拡大するための展示会費や広告費、新商品開発のための研究費など、事業活性化を図るために不足しているお金を補う、という性格のものです。

そのため審査には事業計画書が必須であり、面接の際には事業計画書をもとに「この事業がどのように社会の役に立つか」「どのようなニーズを満たし、社会にどのような影響を与えるのか」等を、第三者に伝わるようにアピールしなければなりません。

書類審査と面接により、経済産業省または地方自治体に「この事業は社会の役に立ち、成長する見込みがある」と判断されれば補助金事業として認められ、事業完了時にかかった費用の一部が補助されます。

助成金と補助金の違い

	助成金	補助金
交付元	国（厚生労働省） および地方自治体	国（経済産業省） および地方自治体
目的	雇用・労働環境の改善等	経済・地域の活性化等
受給条件	要件を満たし、法律を守れば 高い確率で受給できる。	要件を満たしても 審査で落とされる場合がある。
申請期間	随時、または長期間	数週間から１カ月程度

最後に、助成金と補助金の違いを簡単に表にまとめておきましょう。

どちらも制度の種類が豊富で、申し込み期間もバラバラです。

自社の事業に合う助成金や補助金を探し出すことは、素人には困難です。

まずは資金調達に詳しい専門家を探し、相談してみましょう。

「助成金」「補助金」の金額以上のメリット

◆返済不要というだけではない

数多くの制度の中から自社の事業に合う助成金や補助金を見つけ出し、申請期間に間に合うよう準備を整え、申請が通った後も定期的に進捗報告を行い、対象事業が完了してからやっとお金がもらえる……。

おまけに、かけた労力に見合う金額がもらえるとは限らない。

「そんなに大変で、見返りが少ないのなら、審査に合格したらすぐにお金を振り込んでもらえる銀行融資の方がいいのでは？」

そう考える人は多いかもしれません。

しかし日本政策金融公庫の創業融資と同様に、創業時の資金調達方法として、助成金・

補助金は強くお勧めできます。

その理由は、大きく2つあります。

❶返済不要であること。

繰り返しになりますが、助成金も補助金も「タダでもらえるお金」ではありません。

助成金は雇用・労働環境を整えることが目的であり、もらえる助成金はその結果でしかありません。また補助金も、社会にとって必要な事業を自力で行った後に、使用した費用の一部を補助してもらえるというものです。

返済のストレスがなく、利息を払って損をすることもない、お得な資金などではありません。

それでも、助成金や補助金を受け取ることができれば、それは「自己資金」になります。

自己資金＝起業家個人の貯金というイメージがありますが、正しくは、
自己資金＝返済不要のお金、です。

この自己資金を増やすことで、次のようなメリットが生まれます。

・公的機関からの融資が受けやすくなる。

↓日本政策金融公庫の「新創業融資制度」は、融資希望額の2分の1程度の自己資金があることが要件になっています。また、各自治体の創業融資制度でも、自己資金が要件になっているケースが多く見られます。

・金融機関からの融資が受けやすくなる。

↓金融機関が融資を決定する際、通常は決算書をもとに、利益を出しているか、財務状況に問題はないかを判断しますが、決算書が存在しない創業前または創業直後の場合は、事業計画書とともに収支計画書もチェックします。この収支計画書で特に重視されるのが「自己資金がどれだけあるか」です。

どれほど事業計画書が優れていても、100％利益が出るとは限りません。事業を開始後、万が一利益が出なかったとしても、自己資金が十分にあれば回収することができるため、金融機関にとって安心材料になるのです。

2 政府の「お墨付き」がもらえること。

厚生労働省の助成金を受給したということは、国が求めている労働環境を整備したという証です。たとえば正社員を雇えるほどの財政基盤がある、教育を受けた質の高い人材が働いている、ムダな残業を排除した効率的な業務が行われているということであり、会社が安定して成長・発展するプラス要素になります。

そして経済産業省の補助金を受給したということは、その事業について国が「社会的に有用な事業であり、発展性がある」というお墨付きを与えたことになります。その事業について政府が高く評価をしていることは、大きなアドバンテージと言えるでしょう。

◆お金をもらえる＝良い経営の第一歩

さらに、経営革新等支援機関のサポートを受けるきっかけになる、事業計画書や収支計画書の作成、面接でのアピールを経験できるなど、会社を経営する上で不可欠な専門家とつながり、資金調達に必要なスキルを身につける、最初のステップを踏むことができます。

「返済しなくていいのは魅力だけど、面倒くさいな……」

などと思わないでください。

長い目で見れば、支払った費用や労力以上の見返りが必ずあります。

会社を立ち上げれば、10年や20年、もしくは50年先まで考えた経営を行う必要がありま す。そうした長期視点を持たず「すぐに効果が出ないから」と、必要な努力を怠るような人は、おそらく会社を作っても5年ともたないでしょう。

助成金や補助金を受給することとは、社会のニーズに応えることです。

そもそも会社は、個人が儲けるために存在するものではありません。

自分がやりたいことをサービスや商品にしたところで、それは単なる自己満足であり、誰も見向きもしません。

社会が求めている商品やサービスを生み出して提供するからこそ、顧客がつき、利益が生まれ、会社を将来にわたって存続させることができるのです。利益が増えれば会社の規模を大きくし、より多くの雇用を生み出すことができます。

会社は自分のために作るのではありません。

そこに生きる人々や社員の生活を豊かにし、地域を元気にして、国を発展させるために作るものなのです。

その意義を学ぶためにも、ぜひ助成金・補助金の活用をお勧めします。

助成金・補助金は「ノーリスクでもらえるお金」ではない！

◆「助成金ビジネス」にダマされるな！

資金調達の方法として、助成金・補助金の活用を勧める本やウェブサイトはたくさんあります。

また「助成金による資金調達なら、経験豊富な〇〇にお任せください！」と看板を掲げている社労士・税理士もたくさん見かけます。

そうした人々が助成金・補助金の活用を勧める理由は、やはり「返済義務がないこと」です。

・金融機関から融資を受けると、月々の返済が大変になる。
・多額の利息がついて、借りた以上のお金を返さなければいけないため、損をする。

・経営がうまくいかずに赤字になっても返済は続けなければならないため、従業員を解雇したり、資産を売却したりして、どんどん資金繰りが苦しくなる。
・最悪の場合、自らの生命保険金で借金を支払うために社長が自殺する。

……などなど、「借金」「返済」という言葉には、とかくマイナスのイメージがつきまといます。

だからこそ「返さなくてもいいお金」に対して、とかく夢のような話をしたがります。

その中でも騙されやすく、気をつけてほしいのは、次のような嘘です。

たとえば300万円の助成金が受給できたとします。

この300万円を得るためには、それなりの時間や労力が必要です。

しかし、原価は一切かかっていません。つまり「利益率100％の売上利益を得た」ことになるのです！

もしもあなたの会社の利益率が40％なら、300万円の利益を得るためには、750万円の売上が必要になります。

つまり３００万円の助成金を得ることは、７５０万円の売上を得たことと同じなのです。
同様に、
会社の利益率が30％なら、売上１０００万円相当、
会社の利益率が20％なら、売上１５００万円相当に当たります。
１５００万円相当の売上を、ノーリスクで得る。
こんな「オイシイ話」はありませんよね。

いかがでしょう。

具体的な数字で説明されると、うっかり納得しそうになります。

しかし、このような内容で助成金や補助金の申請を勧める人を信用してはいけません。

それらの人は、助成金や補助金の本質をまったく理解していません。「タダでもらえるお得なお金」としか捉えていません。

「コスト０円」「ノーリスク」も、大きな間違いです。

補助金や助成金の申請を、事業主が独力で行うのは困難です。補助金の申請なら他社に負けない事業計画書・収支計画書の作成と効果的なプレゼンテーションが必要であり、雇

用関係の助成金の申請には、社員のスキルアップを実現する教育プログラムの作成や、育休を取りやすくするための就業規則の改定などが必要です。

それらは会計や労務の素人が作成できるものではありません。仮に作成したとしても時間がかかる上に通りにくいでしょう。

もしも申請が通って補助事業・助成事業として認定されたとしても、計画通りに事業や教育を進めることができなければ、受給予定の金額が削減されてしまいます。

また、助成金や補助金はすべての要件を満たすことで、受給資格を認められるものです。後から要件の一部を満たしていないことが判明した場合は失格となり、1円も受給できなくなります。さらに「故意に要件を満たさなかった」と判断されれば、その後数年間は申請できなくなるというペナルティーを食らってしまいます。

故意であれ、うっかりミスであれ、そうした「落とし穴」はたくさんあります。

だからこそ、経営革新等支援機関や、税理士、社労士など専門家の力が必要なのです。

そして専門家の力を借りる以上、コスト0円はあり得ません。

◆お金は大事だが、お金のために経営をしているのか？

しつこいようですが、助成金や補助金の価値は、「売上」や「利益」という観点からは推し量れないものです。

たとえば社員教育によってスキルアップした従業員が、5年後に1億円や2億円の契約を取る凄腕の営業マンになれば、その効果は絶大であると言えます。しかし教育プログラムを受けた後すぐに退職してしまったら、その社員にかけた分の労力と費用がマイナスになります。

起業のため、もしくは起業後に安定して会社運営を続けていくためには、資金調達は欠かせません。しかし「お金を集めること」ばかりに目が行くと、ありもしない「ウマイ話」に飛びついてしまう恐れがあります。

「自分は何のために経営をしているのか？」を改めて思い出してください。

そして資金調達を行う際は、必ず信頼できる専門家に相談をしながら進めていきましょう。

「助成金」のあらまし

◆助成金って何のためにあるの？

厚生労働省の雇用関係助成金は、近年、教育や正社員化に大きくシフトしています。以前は、起業や雇用調整に関する助成金が中心でした。

雇用調整に関する助成金とは、従業員の雇用を維持し、失業率を下げることを目的としたものです。たとえば不況等の理由により業績が悪化し、従業員の削減が必要になったとき「解雇ではなく自宅待機にして、給料の6割を休業手当として支払う」等の方針を取った企業に助成金が交付されていました。

また起業に関する助成金は、雇用の創出を目的としたものです。新しく会社を作っても、創業当初はなかなか利益を出すことができません。それでも従業員を2、3人雇ったとき、給料を安定して支払うために助成金を交付する、というものです。

しかし2012年ごろから雇用に関する政策は転換され、労働力の流動化がテーマとなりました。新しい会社が新しい雇用を生み出すことよりも、優秀なパートを正社員化する、正社員を教育して人材の質の向上を目指す等、すでに存在している企業で安定した雇用環境を作り、人材の質の向上を図ることが重視され始めました。

この傾向は今後も続き、育児関連や教育系、正社員化系を中心に拡大していくと考えられるため、これらの助成金を受けられるような会社作りを目指していきましょう。

◆助成金の分類

・制度助成：

制度の導入や、そのための設備投資などを行うことでもらえる助成金です。

・実施型助成：

導入した制度が利用されるたびに交付される助成金です。

たとえば「1人が利用すれば10万円、2人目から5人目まで5万円が支給される」というように、その制度を利用する人数が増えるほど、交付される支給額が増えていきます。

ただし「5人まで」「10人まで」という制限が設けられています。

・**目標達成型助成**：

たとえば「残業を半分にする」という目標を実現するために設備投資を行い、その経費を支出したとします。時短・有給の取得推進等の目標達成率が上がるとともに、4分の3、5分の4というふうに、支給額が増えていく仕組みの助成金です。目標が達成できなければ受給額が半分に削減されることもあります。

◆創業時に活用できる助成金

さらに「雇用安定系」「正社員化系」「教育系」「障害者系」「育児・女性系」など、その内容によってさまざまな分類ができますが、その中でも創業時または創業直後に活用できる助成金について、一部紹介します。

【トライアル雇用奨励金】

職業経験、技能、知識等から安定的な就職が困難な求職者について、ハローワークや職業紹介事業者等の紹介により、一定期間試行雇用した場合に助成する。
支給額：対象者1人につき月額4万円（最長3カ月間。対象者が母子家庭の母などまたは父子家庭の父などの場合、1人当たり月額5万円）

【特定就職困難者雇用開発助成金】

高年齢者（60歳以上65歳未満）や障害者などの就職が特に困難な者を、ハローワークまたは民間の職業紹介事業者等の紹介により、継続して雇用する労働者として雇い入れる事業主に対して助成する。
支給額：高年齢者、母子家庭の母等　60万円（期間1年）
重度障害者等　240万円（期間1年）
重度障害者等を除く身体・知的障害者　120万円（期間1年）

【キャリアアップ助成金（人材育成コース）】

有期契約労働者等に対して職業訓練を行う事業主に対して助成する。
支給額：賃金助成　1人1時間当たり800円　訓練経費助成　1人当たり最大30万円

【地域雇用開発奨励金】

雇用機会が特に不足している地域等において、事業所の設置・整備や創業を行うことに伴い、その地域に居住する求職者等を雇い入れた場合に助成される。

支給額：50万円～８００万円（期間３年）

◆助成金の申請について

助成金の申請は「必要な書類をそろえて窓口に提出すればいい」というような簡単なものではありません。特に雇用関係の助成金は、必要書類を作成することはもちろん、要件を満たすための準備にこそ時間がかかるものです。完璧な書類が用意できたとしても、要件を満たしていなければ決して受給できることはないからです。

ただし、制度を導入することで受給できる助成金や、新規採用によって受給できる助成金などは、事前に届出をしたり計画書を提出したりして、認定を受けてから取りかからなければなりません。申請前に制度導入に着手したり、対象となる人物の雇用が完了していると、申請できなくなってしまいます。

また必要な書類や、申請から受給までの段取りは、助成金によって千差万別です。これらを間違えると受給できない場合があるため、十分に注意しましょう。

◆助成金を申請する前に

助成金を受給する前提条件として、法令に基づいた労務管理を行っている必要があります。以下の労務管理ができているか、必ず確認しておきましょう。

□全従業員分の法定三帳簿がある。
（労働者名簿、出勤簿またはタイムカード、賃金台帳または給与明細書）
□従業員に雇用契約書または労働条件通知書を渡している。
□就業規則の作成・届出をしている（原則従業員10人以上の場合）。
□労働保険料を滞納なく納めている。
□雇用保険の適用事業所である。
□要件を満たす場合は社会保険の適用事業所である。
□雇用保険未加入者がいない。
（1週間の所定労働時間が20時間以上で31日以上引き続き雇用されることが見込まれる

従業員は、全員加入している）

□社会保険未加入者がいない。
（1カ月の所定労働時間、労働日数が正規職員の４分の３以上の従業員は全員加入している）

「補助金」のあらまし

◆補助の対象を知ろう

補助金は国の政策ごとに目的・趣旨があり、さまざまなジャンルで募集されています。そのため、まずは自社の事業と目的・趣旨がマッチングする補助金を見つける必要があります。

しかし対象事業などの条件が合致していても、必ずもらえるわけではありません。審査員による事業計画書の審査や面接による質疑応答があり、革新性や実現性が高いと判断されれば、補助金事業として認定されます。また、経営革新等支援機関（認定支援機関）※のサポートを受けることが条件となっている補助金もあります。

補助されるのは、該当事業にかかった経費の全額または一部です。

補助対象となる経費・補助の割合・上限額はあらかじめ定められており、最終的な補助金額は、事業実施後に提出する報告書等の必要書類の審査を経て決定されます。

補助金は事前準備が重要であるにもかかわらず、募集期間が短いため、早めに認定支援機関に相談をして、準備を進めていきましょう。

※経営革新等支援機関（認定支援機関）とは
税務・金融・企業財務に関する一定レベル以上の専門的知識や実務経験を持つ個人や法人、中小企業支援機関等に対して、国が認定を行う中小企業の経営アドバイザーです。経営等に関するさまざまな課題に対して、専門性の高い支援を行っています。


【創業促進補助金】

新たに創業（第二創業を含む）を行う個人、中小企業・小規模事業者に対して、その創業等に要する経費の一部を補助する。

・**対象経費：**
創業に要する費用の一部。店舗等借入費、設備費、人件費、原材料費、マーケティング調査費、広報費、旅費、謝金等（第二創業で既存事業を廃業する場合は、廃業登記や法手続費、在庫処分費等を含む）。

・申請に必要な書類：
申請者が作成・用意：事業計画書、履歴事項全部証明書、直近の確定申告書、印鑑証明・補足資料、各提出書式をデータ保存化した媒体　など
認定支援機関が作成：認定支援機関支援確認書、認定支援機関・金融機関の連携に関する覚書の写し、認定支援通知書の写し　など

・補助上限額
創業者：２００万円（補助率３分の２）
第二創業者：２００万円（補助率３分の２）
例：創業で３００万円の経費を使用→３００万円×２／３＝２００万円の補助。

※参考：平成27年度「創業・第二創業促進補助金」

https://sogyo-hojo.jp/27th/
応募期間：4月13日～5月8日
応募総数：1170件
採択総数：775件

【ものづくり補助金】

国内外のニーズに対応したサービスやものづくりの新事業を創出するため、認定支援機関と連携して、革新的な設備投資やサービス開発・試作品の開発を行う中小企業を支援する。

・補助上限額

1 革新的なサービスの創出（補助率3分の2）：
一般型1000万円、コンパクト型700万円

2 ものづくりの革新（補助率3分の2）：
1000万円

3 共同した設備投資等による事業革新（補助率3分の2）：

共同体で5000万円（500万円／社）

◆一般的な補助金交付の流れ

・期限内に必要書類を各地域の事務局に提出する。

←

・審査を受けて、補助金交付が決定する。「交付申請書」を事務局に提出。

←

・補助金事業の開始。定期的に事業の進捗状況の報告書を事務局に提出し、中間審査に応じる。

←

・申請書に記載した事業完了期限までに補助金事業の実績報告書を提出する。

←

・実績報告書をもとに最終審査が行われ、補助金額が決定し、補助金が交付される。

余談ですが、地方によってはただでさえ採択件数が少ない自治体の補助金において、募集開始前から「採択される企業が8割方決まっている」というところがあるそうです。

それが本当であれば、残り2割の席を巡って数百もの企業が争っていることになり、見かけ上の採択枠数よりもはるかに厳しい戦いを強いられることになります。

「何回申請しても通らない」という場合は、その地域の補助金に詳しい専門家に1度相談をしてみましょう。

「助成金」「補助金」を受給する際の留意点

◆助成金を受給すると調査が入る

返済が不要であるために、助成金や補助金に関わる詐欺事件は後を絶ちません。

たとえば「雇用調整助成金」は、経営不振等の理由からやむなく従業員を休業させて給料の6割を休業手当として支払う場合、その休業手当の3分の2（大企業は2分の1）を国が支給するという助成金です。

ある会社はこの助成金を申請し、4人を休業させたとして1人当たり当時上限額いっぱいの7810円を4人分、20日にわたり受給していました。ところが実際は休業させた従業員など存在せず、助成金を不正に受け取っていたのです。

また、社労士と社長が共謀して行った詐欺もあります。キャリアアップ助成金（人材育成コース）を申請して、社労士が架空の従業員名簿や出勤簿、賃金台帳や職業訓練計画を作成し、訓練をしなかったのに不正に助成金を受け取っていたというものです。

このため、助成金を受け取った企業がきちんと申請通りに教育を行ったり、制度を導入したりしているか、今は必ず調査が入ります。

たとえばキャリアアップ助成金（人材育成コース）を申請する際には、職業訓練計画を作成しなければなりません。その中で訓練実施の日時について、たとえば「8月20日、13時から」と記載した場合、その日時に実際に訓練が行われているかどうか、調査が入ります。

調査に来るのは、主にハローワークの職員です。

ハローワークの職員と言うと、ずらりと並ぶ窓口にずっと座っているイメージがあると思いますが、実際は何人もの職員が交代で窓口を担当しており、窓口に座っていない職員は、助成金の書類の審査や、外回り業務などを行っています。

この外回り業務の中に、助成金を申請して支給を受けている企業が、申請通りに業務を行っているかの確認が含まれているのです。

会社に足を運び、要項に掲載された要件が1つでも整っていないことが確認されると、助成金の支給はストップし、すでに支給された助成金があれば、返還を求められます。「うっかり要項から見落としていた」という悪意のないミスであったとしても、通用しません。明らかに故意に条件を満たしていなかった場合はブラックリストに載り、その後3年間は助成金が受けられないというペナルティーが与えられます。

助成金は、申請が通って受給を受けてからが本番です。決して気を抜かず、返還を求められることのないよう、申請した通りに業務を遂行していきましょう。

助成金を申請するなら従業員を解雇してはいけない

会社都合で従業員を解雇すると、その後6カ月は厚生労働省の助成金を申請できなくなります。

厚生労働省の助成金の目的は、雇用の維持、労働環境の改善、従業員の人的質の向上などです。従業員を解雇する企業は、どの助成金の要件にも当てはまらなくなります。

「退職願には自己都合と書いておいてくれ」

解雇する従業員にそう言って嘘の退職願を書かせたとしても、その後その労働者が失業保険等の手続き関係でハローワークに行くと、必ず窓口の職員に「本当に自己都合ですね？」と確認されます。そこで元従業員が「実は社長から自己都合と書くように言われていまして……」と漏らしたら、すぐにハローワークから社長宛てに確認の電話がかかってきます。

助成金を受ける予定がある場合は、従業員の解雇は極力控えてください。

また、本人が自己都合で退職したにもかかわらず、失業保険を長く受けたいがために「解雇された」とハローワークで嘘の申告をするケースもあります。

従業員が自ら退職するときは、必ず退職願に「自己都合による退職」であることを明記して「退職理由」を詳細に書いてもらうようにしましょう。その理由を強化できる証拠書類があればあるほどよいです。

◆早期に情報を確保し、準備を開始する

よく次のような質問をされることがあります。

「補助金の申請、1次募集と2次募集がありますが、1次募集の方が有利なんですか？」

答えは「必ずしもそうとは限らない」です。

たとえば去年の創業補助金は、1次から5次まで募集がありました。受給できた申請者は、1次：80％、2次：60％、3次：45％、4次：20％であり、この時点で、もう5回目

はないだろうと思われていました。

しかし予想に反して、５次の募集では50％が審査を通過していました。

これにはさまざまな理由が考えられます。たとえば４次で20％という低確率を見て申請を諦めた人が続出して競争率が落ちた、すでに交付が決定した人の何人かが辞退をして枠が増えた等々。

これはなかなか予測できるものではありません。

それでも、準備も申請も、遅くなるよりは早く済ませた方が良いでしょう。公的に発表された直後は多くの人たちの準備が整っておらず、どのようなアピールをすれば採択されるかという情報が広まっていないため、手が打ちやすいのです。

ライバルたちが傾向と対策を把握し、準備を整えたころには、競争率が大きく上がってしまいます。たとえるなら、偏差値50でも合格できた大学が、いきなり偏差値65や70になるという感覚です。

助成金や補助金に関する詳細情報については、経済産業省のホームページで確認できます。また、中小企業庁の「ミラサポ」というＷｅｂサイトにも分かりやすく掲載されていますので、参考にしてください。

中小企業庁「ミラサポ」：https://www.mirasapo.jp/

第5章

税理士、社労士次第で資金調達が変わってくる

すべての税理士が資金調達に詳しいわけではない

◆税理士は「税金のプロ」

自分の技術や知識、経験を活かして、新しいビジネスを世の中に生み出したい。

不退転の決意で起業に踏み出したものの、資金が足りず、金融機関に融資の相談に行ったけれど、断られた。

やはり専門家の力を借りなければ無理だと思い、報酬が安い税理士をネットで探して書類作成を依頼した。

完成した書類を見て「さすがプロだ」と感心し、再度金融機関に足を運んだが、またダメだった……。

このような辛い経験をした起業家は、決して少なくないでしょう。

起業を目指す人は、新しいビジネスのアイデアや、専門性の高い知識と技術、ものづくりへの強い意欲、優れたリーダーシップやコミュニケーション能力、マーケティング能力など、多彩な力を持っています。

会計を得意とする起業家はあまり見かけません。

「専門家に頼むとお金がかかるから」と、会計に関する本を山ほど読み、猛勉強をして、何とか自力で融資を通そうとする人もいますが、たいてい失敗します。付け焼き刃の会計知識では、銀行に信頼される書類を作ることはできません。

そこで諦めて専門家に依頼をしてみたものの、やはり審査に通らない。

専門家のはずなのに、なぜ？

不思議に思うかもしれませんが、実はそれほど珍しいことではないのです。

まず、大きな誤解を解きましょう。

税理士は「税金・会計のエキスパート」ですが、「資金調達のエキスパート」ではありません。

「でも優秀な税理士は、正しい節税対策について教えてくれたり、資金繰りについてアドバイスをしてくれたりして、会社の成長を助けてくれるパートナーですよね？」

その通りです。

税理士は税金分野のエキスパートですから、納める税金額が最小になるノウハウをたくさん持っています。また会計分野のエキスパートですから、素人が見るとわけがわからない会計処理を簡単にこなし、質問をすればわかりやすく説明をしてくれたりもします。

しかし、どれほど大きな節税を実現できても、正確無比な会計処理能力があっても、それは「銀行が喜ぶ決算書を作成する能力」とは、別なのです。

◆「頼れる税理士のはずなんだけど……」の落とし穴

このようなケースがあります。

あるリフォーム会社は1年前から業績の低迷が続き、新しくハウスクリーニング業を始めるため、顧問税理士に相談を持ちかけました。

「必要な設備を整えるために銀行からお金を借りたいのですが、赤字では貸してもらえませんよね。どうしたらいいですか」

「リフォーム業で利益を出すことは難しいので、自己資金を増やして黒字にしましょう。税金対策と役員退職金用に加入していた生命保険がありますから、これを解約すれば、解約金が入ります。計算してみたところ、ちょうど赤字を埋められる金額になりますから、解約金が入れば黒字の決算書を作ることができます」

「じゃあ、解約します。決算書の方、よろしくお願いします」

「はい、任せてください」

リフォーム会社の社長は言われた通り、保険を解約しました。多少の不安はあったものの、これまで決算書にミスがあったことは1度もなく、税務調査のときもずいぶん助けてもらったため、信頼できる相手だと思っていたからです。

顧問税理士が解約金をもとに決算書を作成すると、書類上、会社は黒字経営になりました。社長は安心してその他の書類や資料を用意し、万全の態勢で融資を申し込みに行きました。

しかし審査に通らず、融資を受けることができませんでした。

第3章でも述べましたが、銀行が融資の可否を判断するのは「黒字」だけではありません。

もちろん赤字を出していないことが最低条件ではありますが、最も重視するのは「貸したお金が返ってくるかどうか」であり、きちんと返済できるだけの「十分な利益を出しているかどうか」です。

保険の解約金によって全体の収支が黒字になったとしても、損益計算書の「営業利益」や「経常利益」を見れば、事業が順調か低迷しているかは一目瞭然です。しっかりと利益を出していて、その後も安定して利益を出し続けて滞りなく返済できるという確信がなければ、融資は実行されません。

勘違いしないでいただきたいのは、

「銀行が喜ぶ決算書を作れない税理士＝ダメな税理士」ではないということです。

税理士の専門分野は税務と会計であり、銀行対策ではありません。税理士の国家試験に、そうした知識を問う問題は1問もありません。

会計事務所の主な業務は、

・記帳代行／給与計算代行
・決算処理
・財務諸表作成
・税務相談／各種税務申告書作成
・税務調査の立ち会い
・外部監査対応　などです。

これらの業務をしっかりとこなすことができる税理士は、間違いなく優秀な税理士です。

ただ、得意分野が違っただけなのです。

「専門家に頼んだから大丈夫」と安易に信用せず、その税理士が資金調達を得意とする税理士かどうか、しっかりと見極めましょう。この章では、その方法をお伝えしていきます。

資金調達が得意な税理士は少数派

◆税理士の得意、不得意を知ろう

「うちの顧問税理士は会社の業績やお金の流れを完全に把握していて、コストの無駄を徹底的になくし、資金繰りを劇的に改善してくれた優秀な人だが、融資の相談には何もアドバイスをしてくれず、資金調達の手伝いには驚くほど消極的だ」

このような税理士は、決して珍しくありません。

「会計も税金も資金調達も、同じお金の話なのに……」と思うかもしれませんが、それは本当に得意・不得意の問題なのです。

たとえば「調理師」には、「和食」「中華」「イタリアン」「フレンチ」「創作料理」などの専門分野があります。

調理師免許を持っている人は、全員が調理の基本的な知識と技術を習得しています。しかしどのような料理人を目指して、どのような店で修業をするかによって、その技能は大きく変わります。

たとえば中華料理店の料理人に「エビのチリソース炒めを作って」と頼めば、間違いなくおいしいエビのチリソース炒めが出てくるでしょう。

では「マルゲリータのピッツァを作って」と頼んだ場合は、どうでしょう。

本場イタリア料理店のようなおいしいピッツァが出てくる可能性は、極めて低くなります。

しかしピッツァがおいしくなかったとしても、その中華料理人の腕が悪いということにはなりません。中華料理店にはピッツァがメニューになく、調理をする必要がなかったのですから、本場のイタリアンシェフと同じレベルのものが作れないのは当然です。

料理人としての基礎技術があれば、ピッツァを作ることはできます。ただし、本場の味を知っている客を満足させることは、できないのです。

極端なたとえ話かもしれませんが、中華とイタリアンほどの違いはないにしても「税務・

会計」と「資金調達」は異なる専門分野なのです。

中華の料理人がイタリア料理の練習をする必要がないのと同じように、税理士は顧問先に強く求められない限り、資金調達に関する勉強に本気で取り組む必要がありません。

また、助成金や補助金は、毎年内容が変わります。数も膨大で、メインの会計・税務業務を行いながら学べるような、簡単なものではありません。

おまけに銀行も支店ごとに融資姿勢が違い、支店長が異動するたびに方針がコロコロと変わってしまいます。

資金調達が得意かどうかは、わからないところがあります。

◆「本当に得意か」を見抜く5つの質問

もし「銀行交渉が得意です」「助成金、補助金は任せてください」と言う税理士と出会ったら、次のような質問をしてみてください。

- 自社が銀行融資を受ける場合、最適な銀行はどこか。その理由は？
- その銀行の支店長または営業マンと面識はあるか？

- その銀行は、融資の審査で何を重視しているか？
- 自社が申請できる助成金や補助金はあるか？
- 認定支援機関の認定を受けているか？

これらの質問に対する答えや、解説は後ほどさせていただきます。繰り返しになりますが、本当に資金調達が得意な税理士は、少数です。このことを念頭に置いて聞いてみてください。

すべての社労士が助成金に詳しいわけではない

◆助成金が苦手なのは当たり前

厚生労働省の雇用関係助成金が、創業・雇用調整から、教育・労働移動へとシフトしていることについては、すでに述べました。

従業員教育、正社員化、評価制度などはまさに社会保険労務士（社労士）の専門分野です。特に教育関連の「キャリア形成促進助成金」を受けるために必要な「事業内職業能力開発計画」は、助成金との関係性がわからなければ作成には長い時間がかかるでしょう。

またジョブカードの導入が必要な助成金は、事前準備にとても時間がかかりますが、専門家と企業とのコミュニケーションをしっかり取った上で計画を実行して申請すれば、ほぼ問題なく受け取ることができます。

ただし、助成金の申請代行はニーズとして存在するものの、

・中小企業の事業主が制度を知らない。
・手続きが煩雑でコロコロ変わり、敬遠されがち。
・役所の人が積極的でない。

このような理由から、十分にニーズを拾い上げることができていない分野です。

そのため、助成金に詳しい社労士は、多いとは言えません。

社労士にとって助成金の申請は、難しい仕事ではありません。根気は要りますが、銀行融資のような厳しい審査がなく、マニュアルの通りに条件を整えることができれば、ほぼ受給できるからです。開業したての社労士がその当時流行っている助成金の代行業務をメインに営業を展開し、数十件の顧問先を獲得して事業を軌道に乗せるというパターンもよく見られます。

ところが多くの事務所は、顧問先を確保した後は、助成金の申請代行を積極的に行いま

せん。事務所の仕事量が増えてくると、手が回りにくくなってくるからです。

助成金制度は数が多く、その内容は毎年変わります。

顧問先に提案するためには、それらの最新情報を常に把握しておかなければいけません。他の仕事をやりながら助成金の勉強をするというのは、非常に大変なことなのです。

もちろん、自分のお客様から
「こういう問題で困っているんだけど、何か活用できそうな制度はありませんか？」

「こういう助成金があると聞いたんだけど……」

と相談されれば、専門家として答えなければなりません。

過去に経験がある助成金であれば、自分で申請代行をするでしょう。書類の作成方法や提出のタイミング、役所との交渉の仕方などは、5件以上の申請を経験していれば把握できるものです。

しかし最も手っ取り早くて確実な方法は、その助成金に詳しい別の社労士を紹介することです。

◆「社労士ネットワーク」を活用せよ！

先ほど「助成金に詳しい社労士は多くない」と言いました。
すべての助成金を網羅している社労士はなかなかいませんが、たとえば「企業内人材育成推進助成金の申請代行を専門にする社労士事務所」や、東京都が行っている「ワークライフバランス推進助成金の申請代行を専門にする社労士事務所」など、1つの助成金に特化した事務所は存在します。

ノウハウを確実に蓄積し、ローカルルールにも精通するなど、確かな強みがある「その助成金のプロ」であるため、大事な顧問先でも安心して紹介できるのです。

もともと、社労士は横のつながりが強い業界です。業務範囲が非常に広く、すべてを1人で行うことができないため、普段から社労士界のネットワークで仕事を紹介し合っています。顧問先から助成金の相談を受けた社労士の多くは、そのネットワークを介して、ふさわしい専門家を紹介しています。

最近、別の社労士からお客様を紹介され、このような相談を受けました。
「マイナンバーを管理する部屋に、指紋認証システムをつけたり、入退室管理システムを導入したりすることを考えているのですが……」

マイナンバー制度の開始によって、企業は新たに個人情報を管理する義務を負うことになりました。そこで、新しい機器を導入するにあたって活用できる助成金がないか、という相談でした。

「それなら、職場意識改善助成金をご紹介できます。指紋認証は、一瞬で個人を判断できるシステムです。つまり業務の時短につながります。時短が進んで社員が有休を取るようになったら、さらに活用できる助成金が増えますよ」

「えっ、本当ですか？」

お客様は、個人情報の管理が業務の時短につながるとは思っていなかったらしく、とても感謝されました。

助成金や補助金は、制度の目的に沿ったことを行えば受給できます。しかしどの事業がどの助成金・補助金の目的に沿っているのかは、専門家でなければ判断は難しいものです。助成金に詳しく、応用もできる社労士は少数です。しかしネットワーク内に１人でもいれば、つながることができるでしょう。

税理士、社労士は得意分野が人それぞれ

◆なぜこんなにもバラバラなのか？

節税に強い税理士。

不動産分野に強い税理士。

相続税・贈与税に強い税理士。

医療・介護分野に強い税理士など、ひと口に「税理士」と言っても、1人ひとりの得意分野は異なります。なぜ、ここまで明確に分かれてしまうのでしょうか。

その理由の1つが、国家試験です。

税理士の国家試験は11科目から構成されています。

必修科目は「簿記論」「財務諸表論」の2科目のみで、選択必須科目の「所得税法」「法人税法」から1科目以上、選択科目の「相続税法」「消費税法」「酒税法」「事業税」「住民税」

「国税徴収法」「固定資産税」から1～2科目を選択して、受験生は国家試験に臨みます。

このとき選択科目に「相続税法」を選んだ人は、将来、相続の相談や相続税対策を中心に行う税理士になるでしょう。不動産分野で活躍したいと考える税理士の卵は「固定資産税」を選択するに違いありません。

税理士になるための学びを受ける段階で、どの科目を選択するか、何を得意とする税理士を目指すかという得意分野の形成が成されてしまうのです。

◆「紹介してください」と積極的に言おう

社労士はすでに述べた通り、その業務が広範囲にわたります。

◎1号業務：労働・社会保険諸法令に基づく書類の作成、提出代行
（例：健康保険、雇用保険、労災保険等への加入・脱退・給付手続き、助成金等）

◎2号業務：労働・社会保険諸法令に基づく帳簿書類の作成
（例：労働者名簿・賃金台帳の作成、就業規則の作成、各種労使協約の作成等）

◎3号業務：人事や労務に関するコンサルティング
（例：人事配置、資金調達、企業内教育などのコンサルティング等）

3号業務に関しては、社労士の資格がなくてもできることですが、人事や労務は社労士の専門分野であるため、多くの企業が社労士に依頼をしています。

これらの業務を1人ですべて担うのは難しいことです。

そこで自分の得意分野と異なる依頼が入ってきたときは、所属する社労士会のネットワークを利用します。ネットワーク内には、助成金申請のみを行う、就業規則の作成のみを行う、年金相談のみを行うなど、1つの分野に特化した社労士も少なくありません。そこまで専門性を限定しなくとも、どの社労士も必ず何らかの「強み」を持っています。

顧客を紹介することは、社労士の「常識」です。

たとえば「就業規則を新しく作り替えたい」という相談が入ったとき、その社労士が就業規則の作成を得意としておらず、しかも別の社労士に紹介もしなかった場合、どうなるでしょうか。

得意ではないとはいえ、社労士は労務のプロですから、最低限の要素を盛り込んだ就業規則を作ることはできます。しかしそれがクライアントの会社の特色に合うもの、ニーズを十分に反映した就業規則であるかと言えば、必ずしもそうなってはいないでしょう。

一方、就業規則の作成を得意とする社労士であれば、経営者の要望にじっくりと耳を傾けた後に社員からもヒアリングを行い、現場に潜んでいる労使の課題を明確化します。さらに他に事業所などがあれば足を運び、あらゆる角度から丁寧に調査をした上で、その企業に最も適した就業規則を作成します。

税理士や社労士に資金調達の相談をするときは、最初に、「資金調達は得意ですか」と、ストレートに尋ねてみましょう。

「得意ではありません」「あまり……」という消極的な答えが返ってきたら、「資金調達を専門に行っている方を紹介してください」と、お願いしてみましょう。

社労士ならネットワークを通じてすぐに紹介してくれるはずです。

それすらやってくれないような税理士や社労士は、信用してはいけません。

融資が通ったら生命保険に入ろう

◆事業を、家族を守るために絶対必要！

めでたく銀行からの融資が決定したとき、すぐにやるべきことがあります。生命保険に入ることです。

「そんな、縁起でもない」

などと思わないでください。これは本当に大事なことなのです。

このようなケースがありました。

酒店を経営していたS氏は、数年後、近所に大型スーパーマーケットが建設されるという話を聞き、強い危機感を抱きました。スーパーに客を取られないため必死に知恵を絞り、店の一角に日本全国の地ワインが飲めるワインバーを作ったところ、すぐに常連客がついて、日中から繁盛するようになりました。

多くのお客様から「もっと広いスペースを作って」と言われ、S氏は2号店の出店を決意しました。利益が大幅に増えていたため、難なく銀行から1000万円を借り入れることができ、すぐ近くの空き店舗と賃貸契約を締結。改装工事を行い、オープンまであと2週間というときに、突然、交通事故で亡くなってしまいました。

残された奥様は幼い子ども2人を抱えて、途方に暮れました。数年前から緑内障が悪化し、視覚がほぼ失われていたため、ご主人の代わりに2つの酒店を経営することなど不可能です。

「借りた1000万円、まだ1円も返していないんです。どうしたらいいんですか」

電話を受けて顧問税理士がS氏の家を訪れたとき、奥様は顔面蒼白の状態で居間のソファーに深く座り込んだまま、何も手がつかない様子でした。

税理士は、銀行融資の相談を受けた際に、S氏に生命保険の加入を勧めたことを話しました。S氏は奥様の目のこともあり、万が一に備えて死亡保険金3000万円の保険に入っていたのです。

「その保険金で、借入金は全額返済できます。返済した後も2000万円が残りますから、大丈夫ですよ」

税理士がそう言うと、奥様は堰を切ったように泣き出しました。

後から話を聞くと、ご主人が亡くなったという知らせを聞いたときに同時に借金のことを思い出してしまい、どうしたらいいか分からなくなってしまったそうです。

大切な家族が亡くなったときの悲しみは、言葉にできないほど深いものです。

それが一家の大黒柱であれば、悲しみだけではなく、その後の生活への不安も重くのしかかります。

悲しみと不安を抱えながらも、葬儀会社とのやり取り、葬儀の準備、役場への届出、親戚縁者への連絡など、やらなければならないことは山ほどあります。

そこに借金というプレッシャーまで与えられたら、遺族はパニックに陥っても不思議ではありません。

もしもS氏が生命保険に入っていなかったら、残された奥様と子どもたちがどうなっていたか、考えるのも恐ろしい状態でした。

死別の悲しみは、お金で癒すことはできません。しかし生活費の不安がなくなれば、遺族は自分の悲しみとじっくり向き合うことで、心の平穏を取り戻すことができます。

奥様は徐々に冷静さを取り戻し、酒店と家族の今後について、次第に現実的に考えられるようになりました。

生命保険とは本来、このような役目を果たすものなのです。

後日、奥様はその税理士の事務所を訪ねて、

「主人に保険を勧めてくださって、本当にありがとうございました」

と、改めてお礼を言ってくださったそうです。

◆税理士はリスクに備えた提案をしてくれるか?

第1章で繰り返し述べましたが、銀行からお金を借りることは、決して悪いことではありません。

近所に大型スーパーができることを知り、何も手を打たずにそのまま営業を続けていれば、S氏の店は潰れていたかもしれません。知恵を絞り、S氏は自分の店を守るために新しい挑戦をしました。それは事業主として正しい行為です。

しかし、正しいことであってもリスクは存在します。

「死ぬなんて縁起でもない」と目を背けても、不幸は突然訪れるものです。万が一の確率

で自分がこの世から去ってしまったとき、返済の義務は、残された家族が背負わなければなりません。

生命保険の加入と言うと「保険会社を儲けさせるため」「保険営業マンのノルマを稼ぐため」というイメージがあり、加入をためらう方もいるかもしれません。

そうではありません。人生で最も苦しくて辛い時期が訪れたとき、自分自身や大切な家族を助けてもらうために必要なもの、特に経営者がしておくべき備えなのです。

生命保険に入ると融資が受けやすくなる

◆生命保険は融資の保険でもある

外部から資金を調達する必要が生じて、金融機関からの融資を考え始めたら、同時に生命保険に入る準備も開始しましょう。

「生命保険は万が一のときの備えだから、融資が決定してから保険加入を決めれば良いのでは？」

確かに融資が下りなければリスクは発生せず、リスクがなければ備えも必要ありません。

しかし、**融資を申し込んだ時点で、生命保険に入っている。**

この状態にしておくことで、実は融資交渉が有利になるのです。

銀行が企業にお金を貸すということ――。

それは企業にとって、必要な資金が手に入ると同時に、毎月必ず返済しなければならないというリスクを背負うことです。

同時に、銀行もリスクを背負います。

企業が利益を出せなくなったり、経営がうまくいかずに倒産してしまえば、貸したお金が返ってこなくなります。信用保証協会の保証があれば80％は戻ってきますが、残りの20％が損害になります。

このため銀行は融資を行う際、担保を求めます。

担保とは、融資を受けた企業が返済できない状態に陥ってしまった場合に備えて、あらかじめ企業から銀行に差し出すものです。

担保の種類はいくつかあり、昔は不動産担保がメインでした。その当時は「土地の価格は決して下がらない」と信じられていたからです。しかしバブルが弾けて以来、株式などの有価証券担保、定期預金などの預金担保等、不動産以外の担保が増えてきました。

生命保険担保も、そのうちの1つです。

住宅ローンを組んだことがある人は、借入の際に「団体信用生命保険（団信）」の加入を求められたことがあると思います。団信は住宅ローン専用の生命保険であり、融資先の銀行が保険契約者および保険金受取人になります。保険料は金利に含まれることが多く、保険料の支払いは別途発生しません。

住宅ローンの債務者が死亡したときや、高度障害状態になったとき、住宅ローンの残金分が保険金として金融機関に支払われ、住宅ローンを清算するという仕組みです。

住宅ローンは個人で借入する金額としては多額であり、返済期間が長く設定されているため、最近は民間金融機関の多くが団信の加入を住宅ローン借り入れの条件としています。

リスクが高いローンの担保に、銀行が生命保険を選ぶ理由は、何でしょう。

保険金が、現金で支払われるからです。

◆生命保険の高い節税効果

銀行は融資審査の際、担保の評価を行います。

不動産や株式は、常に価格が変動します。そのため時価の50～70%程度にしか評価されません。

一方、現金・預金は、ほぼ額面通りの金額で評価されます。

そして生命保険の場合、死亡時に支払われる金額はあらかじめ決まっており、これも額面通りの評価となります。企業が倒産したときには保険を解約して解約返戻金《へんれい》で借入残高を清算することになりますが、解約返戻金は損失が少ないため、やはり評価が高くなります。

さらに生命保険は、節税効果もあります。

通常は利益が大きければ大きいほど、納めるべき税金が増えてしまいます。しかし会社として生命保険に入り、毎月保険料を支払って損金を作れば、その分税金を抑えることができます。さらに生命保険の種類によっては、退職金を積み立てていくことができます。しっかりと利益を出しながら、現金を残す。そのお金の流れを作れば、さらに評価が上がります。

銀行融資と生命保険は、必ずセットで考えましょう。

では、どのような生命保険に入ったら良いのか？

利益が少ないときは、掛け捨ての保険で十分ですが、利益が増えて余裕が出てきたら、次のような保険を検討すると良いでしょう。

・**逓増《ていぞう》定期保険**：
保険料の半分を損金として算入でき、社長の年齢によっては、短期間で解約返戻金が保険料とほぼ同じになってきます。年間保険料は１００万～２０００万円程度まで幅広く設定可能であり、非常に高い解約返戻率を設定できる生命保険です。

・**長期平準定期保険**：
中～長期的に高い解約返戻率を設定しながら、退職金の積み立てを行うことができます。保険料の半分を損金に算入でき、中長期的にプランを組むことで、払込保険料を上回る解約返戻率を設定することも可能です。

「最適な生命保険商品」は、社長の年齢や会社の年商、借入金の額などによって変わるため、生命保険会社の営業マンから提案してもらうことが一番です。

「資金調達が得意な税理士または社労士」なら、信頼できる営業マンを紹介してくれるはずです。ぜひ相談してみましょう。

第6章

いい税理士、社労士の見つけ方

税理士業界、社労士業界の現状

◆依然として続く低価格競争

日本国内の税理士の数は約7万5000人、社労士の数は約4万人です（2015年3月31日現在）。かつては「資格を取って開業すれば、すぐに顧客を獲得できる」と言われていた人気職であり、現在でも将来にわたって高収入が期待できる国家資格として、年々その人数が増加しています。

一方、メインの顧客である中小企業の数は減少を続けています。

供給が需要を上回ると、競争は激化します。さらに2008年に起こったリーマンショックの影響により、多くの中小企業は経営が苦しくなり「顧問料が1円でも安い会計事務所」を求めるところも増えました。

顧問契約の解除や、顧問料単価の下落が相次ぎ、税理士業界では長く低価格競争が続いています。中小企業の事業主は、税理士を「会社成長に不可欠なパートナー」ではなく「記帳や申告などを頼む手続き業者」と考えるようになり、現在は税理士事務所の9割が「決算書を作って渡すだけ」という最低限の業務のみをメインとしています。

その最低限の業務すら「1円でも安く」と低価格を求められ、応じられなければ、クライアントが離れていってしまいます。

価格低下は2012年にピークを迎え、それ以降は大きな下落はないものの、報酬単価の向上に踏み込めず、依然として低価格での競争が続いています。

こうした状況を打破するため、近年では決算を軸にした新たなサービス「決算カウンセリング」に取り組む税理士も徐々に増えてきました。

決算カウンセリングとは、過去4期分の決算書の内容をベースに5つの指標で経営状況の分析・診断を行うものです。

これを行うことで、会社の「強み」と「弱み」が明確に見えるようになります。そのため、銀行への決算報告時にこの診断結果を持参して、弱みに対する改善の取り組みをアピールすることで「銀行からの印象がぐっと良くなった」と、好評を得ています。

特に経営計画を立てる際に有効であり、資金調達にも活用できます。

また、帳票をもとに「会社が成長するためには何をするべきか」を話し合う場ができたことで、税理士とコミュニケーションを取る機会が増え、会社の経営改善に役立っています。

◆マイナンバーへの備えはできているか?

一方社労士は、労働基準監督署の仕事の斡旋等があるため、顧客の取り合いになっていないものの、やはり供給過多の状態です。

ただし、マーケットは新たな広がりを見せています。近年の新しいニーズとして「新型うつ」「パワハラ・セクハラ」などの相談、解決が増えています。

特にうつに関しては、国の施策として2015年12月から、従業員50人以上の企業に対して「ストレスチェック」が義務化されるため、この分野で活躍する社労士が増えるでしょう。

さらに社会的ニーズとして高いのは「未払い残業代問題」です。ブラック企業による劣悪な労働環境が社会問題としてマスコミにも頻繁に取り上げられるようになり、企業経営者は自分の会社が「ブラック企業」と呼ばれないよう、就業規則の見直しやルールの明確化の相談をするなど、人事に対する意識が高まっています。

資金調達に関して言うと、潜在ニーズが大きいにもかかわらず社労士が開拓しきれていない分野が「助成金の申請代行業務」です。

雇用や教育に関する助成金は充実していますが、中小企業の多くは助成金の存在を知らない、あるいは知っていても手続きが煩雑であり、かなりの時間を使わないと難しいため、敬遠されがちです。社労士としても手間のかかる業務であり、費用対効果が良くないことから、二の足を踏むケースが多いようです。

だからこそ、助成金の申請代行を効率的に行う態勢を整えているところは中小企業の経営者のニーズを満たしてくれます。たとえばマイナンバー制度が導入されることによって、企業では新たなルールを決めなければなりません。そのルールは最終的には就業規則に記載する必要があるため、マイナンバーを入り口として、就業規則の作成・変更業務というように一連で担ってもらえるでしょう。

資金調達に詳しい専門家を見抜く5つの質問

◆実績とネットワークの有無を確認する

第5章でも述べたように、会計や労務の専門家が必ずしも資金調達に精通しているわけではありません。

起業するのであれば、スタートダッシュが重要です。

もしも資金調達を苦手とする専門家に依頼をしてしまったら、スタートダッシュが大幅に遅れ、せっかく貯めた自己資金を無駄に消費することになり、起業しようとしているあなたの足を強く引っ張ることになります。

税理士や社労士などに、創業融資や助成金、補助金を活用した資金調達について相談をするときは、本題に入る前に、次の5つの質問をしてみてください。

1 助成金・補助金・銀行融資を活用した資金調達を、今までどれだけ成功させてきたか。

資金調達を成功させる力があるかどうか、それには「経験」が大きなウエイトを占めています。

助成金や補助金はそれぞれ申請の手続きや必要書類などが異なりますが、申請代行を10件くらいこなしていれば、だいたいの段取り、書類作成の仕方、提出のタイミング、役所での交渉などが、感覚としてわかるようになります。そのうち5件以上成功している人であれば理想的です。

銀行融資を成功させるには、次のような力が求められます。

・効果的な事業計画書と資金繰り表を作成できる。
・会社アピールの効果的な方法を考えられる。
・融資の必要性について効果的な説明ができる。
・顧客にふさわしい取引銀行を選ぶことができる。
・銀行ごとに効果的な付き合いができる。

これらはいずれも「経験」が重要になります。経験から身につけた銀行知識や対策、ノウハウなしに、融資を得ることはできません。

銀行が事業計画書や決算書のどこを重視しており、どのように書けば効果があるのかということは、実際に作ったものが審査にかけられ、通ったり通らなかったりを経験することで身につくものです。また、面接では何を尋ねられ、どのように答えたら良いという具体的なアドバイスも、経験がなければできないことです。

2 融資の審査は、加点方式・減点方式のどちらで行われるか。

第2章で述べた通り、融資の審査は減点方式で行われます。

専門家であっても加点方式と勘違いしている人が多く、事業立ち上げの動機や社会的意義などを「どう伝えるか」に重点を置いた事業計画書を作成しようとします。

しかし減点方式で審査される場合、「どう伝えるか」よりも「何を伝えるか」が重要です。伝えるべき内容が記載されていなければ減点され、どれほど素晴らしい事業計画書であったとしても、合格水準に届かなければ審査に落ちてしまいます。

減点方式であることを知っている人は、事業計画書を作成する前に募集要項を熟読し、審査対象になる項目をピックアップした表を作成します。この表をもとに、すべての項目が盛り込まれた事業計画書を作成しているからこそ、審査に通る可能性が高いのです。

3 認定経営革新等支援機関（認定支援機関）の認定を受けているか。

認定支援機関とは、税務・金融・企業財務等に関する専門的知識や、中小企業および小規模事業者支援の実務経験が一定レベル以上の個人・法人・団体等に対して国が認定を行う、公的な支援機関です。経営革新を目指す中小企業や小規模事業者に対して、業績アップ、財務内容や経営状況の分析、経営の向上等に関する相談を受け付け、専門性の高い支援を行うことを目的としています。

認定支援機関は、社労士や中小企業診断士は一定レベルの実務経験が求められますが、税理士には不要です。申請書を書いて提出するだけなので、1時間もあれば完了します。

また、補助金には認定支援機関のサポートを受けることが条件に含まれている場合が多く、資金調達を行う専門家が認定支援機関になることは「当たり前」と言えます。

1時間程度の手間すら「面倒だから」と惜しむ税理士がたくさんいます。仕事はきちんとした人に頼みたいものです。

社労士であれば「育休復帰プランナー」についても確認しておくと良いでしょう。

これは「中小企業両立支援助成金」の1つである「育休復帰支援プランコース」において、育休取得や職場復帰のノウハウが乏しい中小企業の社内制度作りを手助けする専門家のことです。平成26年度に創設されたばかりの助成金ですが、人手不足が課題となっている中小企業において、優秀な人材を確保するという点から注目が高まっています。

4 助成金情報を、4月に案内してもらえるか。

助成金は予算の範囲内で交付されます。そのため、応募要項の申請期間に「4月～10月」と書かれていても、予算がなくなれば、早くて7月くらいに打ち切られてしまうこともあります。

助成金は条件さえ満たしていれば、おおむね受給できます。しかし雇用関係助成金の多くは事前準備に時間がかかるため「申請期間内に準備すれば大丈夫」とのんびりしていたら、申請すらできずに終わってしまいます。

どれだけ早く情報を入手し、早期に準備を始められるか。これは助成金を受給するための重要ポイントの1つです。

「今年度の助成金一覧」は、5月下旬から6月まで公式発表されません。9月の予算要求時に助成金のもとになる法律を厚労省が作成しても、予算が決まるのはいつも年度末ギリギリの3月です。予算の額によっては、受給額の縮小や内容の変更が必要となるため、公式発表が遅れるのです。

発表が遅れれば、申請期間は短くなります。しかし予算は使い切らなければならないため「来年度はこのような助成金の募集がある予定です」というアナウンスを3～4月に行います。資金調達をメインにしている専門家であれば、この時点で情報を掴み、顧問先に提案をして準備を開始します。

そして申請期間に突入するころには事前準備をすべて終えて、余裕をもって申請を行うことができれば理想的です。

助成金は「先手必勝」です。早ければ早いほど、受給できる確率が上がります。

5 生命保険会社の営業マンなど、他の専門職とのパイプがあるか。

考えてみてください。資金を調達するのは何のためでしょう。

新たに会社を作って社会に貢献するためであったり、事業を拡大して顧客のニーズを満たし、社員の満足度を高めるためです。

この視点がなければ「お金を引き出したら終わり」になり、それ以降の付き合いが途絶えてしまいます。

真の意味で資金調達を専門業務としている人なら、銀行融資を申し込むと決めた時点で、万が一の事態に備えて生命保険の加入を勧めます。その際、信頼できる生命保険会社の営業マンを紹介し、慎重に検討を進めていくでしょう。

また、起業を目指す人から相談を受けることが多い司法書士や行政書士とのパイプも持っているでしょう。自分の実績を増やすことより、クライアントの発展を願う司法書士や行政書士であれば、早急に会社を作ったりせず、まずは創業融資を受けるために信頼できる税理士に相談をします。そうした相談をたくさん受けている税理士は、経験だけでなく、人脈も豊富です。

外部から資金を調達し、会社の可能性を広げ、発展に向かうお手伝いをする――。

クライアントとそのような関係を築いていれば、自分にできることの限界に気づき、より成功率の高い専門家とつながっていくため、自然と人脈が増えていくはずです。

価格で決めると痛い目にあう

◆ファストフード店で高級レストランのサービスを求めるな！

会社の経営者でなければ、税理士や社労士は馴染みが薄い存在です。

国家資格という「お堅い」イメージも手伝って、初めて税理士や社労士に相談するとき、次のように考えている人が少なくないように思えます。

誠実で親切な専門家は、低い報酬で相談に乗ってくれる。

がめつい専門家は、たった1回の相談で高い報酬を請求する。

結論から言うと、それは間違いです。

たとえば、

「ファストフード店並みの価格で、高級レストランと同レベルの食事を出してくれる店」
「ビジネスホテルの価格で、5つ星ホテルと同じサービスをしてくれるホテル」
そのような飲食店やホテルは、存在しません。

価格が高い飲食店は、安全で良質な食材を仕入れて、確かな腕の料理人が調理しているから、商品が高額になるのです。

価格が安いホテルは、設備や人件費を削れるだけ削って、提供するサービスを最低限に抑えているからこそ、安価でも経営ができるのです。

サービスの質が高ければ、価格は高くなる。
サービスの質が低ければ、価格も低くなる。

税理士や社労士の世界も、同じです。
悪徳業者などの例外はありますが、多くの税理士・社労士は、お客様の要望に十分に応えるためにはどれだけの時間と手間が必要かを判断し、それに見合う報酬を提示しています。

「決算書を作るだけの最低限の業務内容でも、事務所によって価格が違うのは、やはり儲け主義かそうでないかの違いでは？」

決算書の作成を「領収書などの書類をもとに計算して記入するだけ」の業務であると考えているなら、価格の安さで選ぶのは当然です。

しかし、最低限の価格には、最低限の仕事しか行われません。

たとえば最低賃金の時給で雇われたアルバイトは、決められた時間内で、決められた仕事しかしません。それ以上の仕事をすると、自分が損をするからです。

一方、平均的な時給よりも高い時給で雇ってもらった場合は「悪いけど、これも頼むよ」とプラスの仕事を頼んでも、気持ちよく引き受けてくれるでしょう。

最低限の報酬しか払ってくれない相手に対して、プラスアルファの労働をする気が起きないのは、税理士や社労士に限ったことではありません。

「決算書の作成だけやってくれればいい」と、報酬が一番安い税理士と契約をしたとき、どのようなことが起こるでしょうか。

まず、肝心の決算書は、パーフェクトなものを期待してはいけません。ところどころに不備があり、注意を促しても、なかなか改善してもらえないでしょう。そのため必ず綿密なチェックが必要になり、依頼した意味が薄れてしまいます。

税務調査が入ったときも、「決算書を作るだけ」の付き合いしかない税理士は、その会社の事情を十分に把握していないため、フォローのしようがないでしょう。また、会社を助けようという気持ちも起こりにくいものです。

もちろん節税のアドバイスなどもしてもらえないため、税金をたくさん払うはめになります。

いかがでしょうか。

ほんの数千、数万円を惜しんだだけで、数十万、数百万円もの抑えられたかもしれない支払いをする可能性があるのです。

◆何をお願いしたいのか？

価格で判断する前に、ぜひ「税理士に何をしてほしいか」を考えてみましょう。

税理士の仕事は、決算書の作成だけではありません。

業務上、さまざまな経営者や金融機関と接しており、会社経営のノウハウや、節税方法、会社を成長させるための有効なお金の使い方などについて、幅広い情報を持っています。リスクについてもしっかりと伝え、それにどう対処するかを示して、報酬の根拠も明確にします。

だからこそ「会社成長のパートナー」になり得るのです。

実際、税理士が持つ情報やノウハウを取り入れることで売上をアップさせ、順調に成長をし続けている会社は山ほどあります。

決算書の作成だけではなく、税理士が持つ知識や技術を有効活用して、自社の成長をスピードアップさせる。

報酬はそのために支払うものと考えましょう。

価格が高ければ高いほど、会社の成長速度も比例して上がっていくと考えるとよいでしょう。

専門家との理想的な関係とは？

◆同業他社の情報を教えてもらおう

助成金や補助金がもらえるかどうかは事業計画書に、銀行に融資してもらえるかどうかは決算書の中身や、調達した資金をどのように活用して返済原資を生み出すか、また事業規模を拡大していくのか、いかに事業計画に落とし込めるかにかかっています。

そうした書類を作成する上で、顧問税理士や社労士の力を借りることは必須です。さらにはその内容について社長がすらすらと答えられるよう、あらかじめ中身の説明を受けておかなければなりません。

銀行の担当者は数年で異動してしまいますが、税理士や社労士は何年、何十年、ときには二代にわたりお付き合いを続けることができる専門職です。

お金目当てで助成金を申請して、通ったから成功報酬を支払って、終わり。それでは付き合いが長持ちしません。お金の切れ目が縁の切れ目になってしまいます。税理士も社労士も、頼りになるアドバイザーです。

自社だけではなく複数の企業と契約をしており、その中には同業者もいます。守秘義務があるため具体的な会社名は出さなくても、たとえば仕入の時期や回数、商品や商材の平均価格などについて「自分のライバル企業たちはどのような工夫をしているか」といった業界の事情を教えてもらうことができます。

では、どのように顧問税理士や社労士を探せば良いのでしょうか。

たとえばあなたが美容院の経営者だとして、飲食店を経営している友人から「うちの顧問税理士は、良い先生だよ」と紹介してもらっても、それが自社にとって「良い先生」であるかどうかは、分かりません。すでに述べましたが、税理士にも社労士にも、1人ひとりに得意分野があるからです。

もちろん国家資格の職業ですから、税理士であれば税金の申告、社労士であれば労働保険・社会保険に関する手続きなど、一通りのことはできるでしょう。しかし自社の経営スタイルにぴったり合う節税方法や、長期目標の立て方、現状の課題分析と解決方法の提案などは、同じ税理士・社労士であっても、人によって提案内容が異なることがあります。

顧問契約を結ぶ際に大事なことは、「税理士に何をしてほしいのか」「社労士をどう役立てるのか」を明確にすることです。

そのため社労士や税理士を探すときは「良い先生」「能力の高い先生」という漠然としたイメージではなく「自社は□□という状況にあり、現在の課題は××だから、この部分に対して具体的なアドバイスをしてもらえる先生を探す」と決めて探し始めた方が、理想の相手に出会いやすくなるでしょう。

そして顧問契約をしたら、コミュニケーションを密にすることを心がけましょう。

顧問税理士に経理を丸投げして「これで安心」と連絡を絶ってしまうと、税務調査が入ったときに「そんな話は聞いていなかった」と、トラブルの原因になります。

税理士や社労士にはすべての実情を細かく伝えて、課題や解決について日常的に話し合う関係を作りましょう。そうしなければ、現実的で実現可能な経営計画を作成して進めていくことはできません。

税理士や社労士には豊富な知識と技術、経験があります。

「○○で困っている」「この会社には○○が必要だ」と、こちらから課題を差し出せば、専門家は自分の頭の中にある数々の課題解決方法から、ぴったりの方法を取り出して「こういう方法はいかがですか」と提案してくれます。

◆「専門家のための会社」になっていないか?

忘れてはならないのは、専門家はあくまで「会社成長のパートナー」であり、主役ではないということです。

主役は、社長と社員たちです。

現場の課題は社長と社員が問題意識を共有して発見していくものです。どうすれば解決できるかを提案してもらっても、それを採用するかどうかを決めるのは、あくまで社長と社員です。そして、その提案を受け入れるとしたら、次は具体的にどうすればいいのか、どのような数字を目指せばいいのか、どんどんアドバイスを受けていきましょう。

わからないことを、わかりやすく説明してもらう。

漠然とした目標や潜在的な課題を、数字に変えて明確にしてくれる。

それが専門家の役割なのです。

税理士でも社労士でも、依頼する際に見極めたい大事なことは、

「会社の発展を願い、サポートしてくれるかどうか」

です。

事業計画書であれ、決算書であれ、書類作成代行業の本質は単にお金を引っ張ってくることではなく、お金を得ることで会社の可能性を広げることです。

銀行融資も助成金も補助金も、お金を手に入れることがゴールではありません。そのお金をもとに、会社は新たなスタート地点に立つのです。

そうした本質を真に理解している専門家に出会うことができれば、それは会社にとって最大の幸運と言えるでしょう。

おわりに

本書をお読みいただき、ありがとうございました。

「会社を人の体に例えると、お金は血液」とよくいわれます。血液は体になくてはならないものですが、体は血液のために生きているわけではありません。

お金は大事ですが、お金のために経営しているわけではないのですから。

ですが、現実はそううまくはいきません。お金のやりくりが苦しくなると、どうしてもそればかり考えてしまうものです。将来を見据えた行動をしたいと思いながらも、明日の支払い、今月の資金繰りに意識が行ってしまい、長期的な視野は失われてしまいます。

よい経営のためには、お金の悩みから解放される必要があります。

また、本文でお伝えしてきたように、助成金や補助金を受け取れるのは、よい経営の第一歩とも言えます。

よい経営をするからお金の悩みから解放されるのか、お金の悩みから解放されるような状態になったからよい経営ができるのか。鶏が先か、卵が先かという話ですが、間違いなく言えるのは、お金の悩みから解放されるようなよい経営ができていると、さらなる好循環、もっとよいスパイラルが起きていく、ということです。

たとえば銀行はよく「晴れた日に傘を貸し、雨の日に取り上げる」と揶揄されますが、銀行にしてみれば、晴れている、好調なときから雨が降ったときに備えてくれるような会社は、もっとも取引したいところです。

「うちは一切おたくの銀行から借りる必要がない。借りたとしても、このスケジュールで簡単に返済しますよ」と言うところに、銀行は「ぜひ借りてください！」と言いたいのです。

銀行員が会社に「お願いされ」て「仕方ないな。ノルマもあるから条件厳し目で貸してやる」と思って貸す会社と、「ぜひ借りてほしい。他行にとられるならうちで。金利など条件は他行よりもよいものを提示するので」と銀行員が「お願いし」て融資するところでは、どっちが経営にとってプラスでしょうか。

答えは言うまでもありません。

多くの会社に、ぜひその域に達していただきたいと思います。

皆さんが会社を経営されている（もしくはこれから経営しようとしている）のは、「こういう商品で、サービスで世の中に貢献したい」という思いがあってのことと思います。

お金がその足かせになってはいけません。

ご自分が本当にしたい、やっていきたいことをするために、お金を足かせではなく、最大限役立てられる存在へと変えていっていただきたいと思います。

皆様の経営が、ビジネスがますます発展していくことをお祈りしています。

深石 圭介
元村 康人

中小企業を応援する
会計事務所の会

松﨑　孝泰

■公認会計士・税理士（一般社団法人銀行融資プランナー協会正会員事務所）

「お金の心配をしない経営を本気で目指す！」

財務支援のプロフェッショナルである弊事務所が貴社の財務部長を代行することで、中小企業様にとって最も大切な「資金」について、全力を挙げて支援致します。銀行への提出資料作成、金融機関との折衝等、全て弊事務所（一般社団法人銀行融資プランナー協会正会員事務所）にて行います。

相談は無料で承っておりますので、まずはお気軽にご相談下さい。

松﨑会計事務所

〒532-0011　大阪府大阪市淀川区西中島 5-7-19　第７新大阪ビル 303A
TEL：06-4862-6961　FAX：06-4862-6962
E-mail：takayasu.mat@rokuhara.ne.jp

山内　雅登

■税理士

私共のご提供するサポート・サービスで、ひとつでも多くの笑顔の花を咲かせ、東大阪にとどまらず近畿一円を、いや日本をその笑顔の花で満たしたいと思っています。そのサポート・サービスのひとつに、安心して将来の事業計画の立案に専念できる資金繰りサポート・サービスがあります。

資金が潤沢になれば、事業を取り巻く環境を視る余裕が生まれ、それが新たな事業の発展へと繋がるものと考えております。まずは､お気軽にお問合せ下さい。

川﨑会計事務所

〒577-0803　大阪府東大阪市下小阪 2-5-3　宮越ビル
TEL：06-6721-0777　FAX：06-6723-4800
E-mail：yamauchimasato.1967@gmail.com

尾﨑　真由美

■ CPA 米国公認会計士 ワシントン州

アメリカに進出、またはこれからご進出を考えていらっしゃる企業様、投資家様の資金調達についてサポートをしています。

最新のテクノロジーを駆使して、資金調達やビザ申請に必要な書類の作成、会社設立、開業に関するご相談から、経営サポートやオンラインビジネスサポート、詳細にわたる税務申告、節税、アメリカにおいての　ビジネスや投資について　あらゆるサポートをしています。

TODD'S ACCOUNTING SERVICES INC　尾﨑会計事務所

9900 SW 168TH STREET SUITE 1 MIAMI, FL 33157
TEL：1-305-233-6551　FAX：1-877-827-1040
E-mail：info@toddaccounting.com　URL：http://toddaccounting.com/

冨山　勝男

■タックスプランニングコンサルタント株式会社　代表取締役

『共に生きる空間を創る』をビジョンとして、昭和 57 年 5 月 1 日の創業以来、企業支援一筋にやってきております。

最近は M & A、事業承継、相続対策をはじめ、中国進出支援も行っております。

三方よしを理念に常に新しい時代のニーズに応じて業務を推進しております。


タックスプランニングコンサルタント株式会社

〒160-0022　東京都新宿区新宿 1-16-16　ティアカテリーナ 602
TEL：03-3351-1741　FAX：03-3351-1742
E-mail：tommy-soroban@snow.ocn.ne.jp　URL：http://www.e-zeirishi.co.jp/ci/index.html

井芹　祐一

■代表税理士・経済産業省認定　経営革新等支援機関

当事務所は、商社と外資系企業で長年幅広い経験を積んだ税理士と、経理財務の豊富な実務経験を持つベテランスタッフによって、高度かつ多岐にわたるサービスをご提供させて頂いております。中でも、当事務所の最大の強みは"資金調達"にあります。政策金融公庫や地銀、信用金庫等に太いパイプと人脈を持ち、これまで多くの難交渉や高度な資金調達を行ってきた実績があります。事業・財務計画&融資のことなら何でもご相談下さい！

井芹会計事務所

〒336-0021　埼玉県さいたま市南区別所 7-6-8　ライブタワー 22 階 2206 号
TEL：048-837-1238　FAX：048-837-1239
E-mail：iseri@iseri-kaikei.com　URL：http://www.iseri-kaikei.com/

河野　勉

■税理士

当事務所は、資金調達、資金繰り指導に最も力を入れています。なぜなら資金は、人間の血液といわれ、利益がマイナス（赤字）でも倒産しないのに血液が循環しないと倒産になります。利益の数字は、多くなったり少なくなったりしますが、資金（キャッシュ）という数字を操作することはできません。経営計画の利益達成と同様に円滑な現金の循環を心がけて経営をしていくように関与先を支援しています。

河野会計事務所

〒661-0001　兵庫県尼崎市塚口本町 1-5-6　パルティ塚口 201 号
TEL：06-6423-1771　FAX：06-6421-7625
E-mail：kono-tsutomu@tkcnf.or.jp　URL：http://www.atombas.com/

工藤　聡生

■公認会計士・税理士

当事務所の特色は、経営計画サービスにあります。リアルな経営計画は、銀行の格付けを改善し、会社の資金調達力を改善します。資金調達力は、収益力に直結します。また、経営計画で経営課題をしつこく継続的にフォローしますので、会社は確実に変革し、業績は改善します。さらに経営計画により、早期に利益を予測するので有効な税金対策を早めに講じることができます。税金対策は、早く実施すれば比例的に効果が上がります。

工藤公認会計士税理士事務所

〒102-0074　東京都千代田区九段南 3-9-14　第 32 荒井ビル 3 階
TEL：03-5215-7357　FAX：03-5215-7358
E-mail：info@kudocpa.jp　URL：http://www.kaigyou-sougyou.com/

西谷　俊広

■公認会計士・税理士

西谷会計事務所では所長始めスタッフ一同、経営者が本業に集中できるような環境づくりをお手伝いすること、地元青森市で 10 年、20 年と存続するよう会社の黒字経営をサポートすること、会社の成長・発展に貢献することが、会計事務所の存在意義であり使命と考えています。所長の西谷俊広は金融機関での勤務経験がありますので金融機関の考え方、企業格付けや債務者区分、銀行融資を獲得するための経営計画書の作成に精通しています。

西谷会計事務所

〒030-0821　青森県青森市勝田 2-6-18
TEL：017-774-2315　FAX：017-774-1765
E-mail：nishiya-kaikei-jimusyo@tkcnf.or.jp　URL：http://www.248nishiya.com/

上野　貴司

■代表税理士

当事務所は創業支援や資金調達に特化しており、融資のサポート、補助金申請、助成金診断などを積極的に行っております。お客様とのコミュニケーションを第一に考え、事業計画の作成や資金繰りの相談において的確にアドバイスできるよう心掛けております。創業支援や資金調達に特化しており、融資のサポート、補助金申請、助成金診断などを積極的に行っております。クラウドも活用し事業の効率化なども提案しております。

上野総合会計事務所

〒542-0081　大阪府大阪市中央区南船場 2-3-4　日宝長堀ビル 806
TEL：06-4708-5922　FAX：06-4708-5924
E-mail：info@ueno-tax.net　URL：http://www.ueno-tax.net

鎌倉　喬男

■税理士

誠和コンサルティングは、税務、財務、会計を通じて、お客様の多様なニーズに対応し、利益獲得を実現するためのコンサルティングを行っています。創業まもない企業から上場企業の顧問先まで、多数のスタッフが長年にわたり様々な案件をこなしており、豊富な知識と経験に基づき適切にサポート致します。また、他の士業事務所と提携していますので、幅広いネットワークを活かした総合的なサービスを実現することができます。

税理士法人誠和コンサルティング

〒211-0053　神奈川県川崎市中原区上小田中 6-12-1　グ・モーニングビル３階
TEL：044-744-1230　FAX：044-744-1240
E-mail：kamakura@yta.jp　URL：http://www.0447441230.com/

蝦名　和広

■税理士・特定社会保険労務士・行政書士・所長／代表取締役

1979 年生まれ。北海道札幌市出身。

北海学園大学経済学部を卒業後、社会保険労務士・行政書士の資格を取得。

大手会計事務所の社会保険労務士部門勤務。

平成 15 年、24 歳の時に退職し独立開業。平成 18 年関連会社の株式会社 Aim.Listing 代表取締役就任。その後税理士資格も取得し会計事務所も併設。

創業以来、主に起業支援に従事。年間 100 件超の会社設立に携わる。


税理士・社会保険労務士・行政書士　蝦名事務所／株式会社 Aim.Listing

〒063-0032　北海道札幌市西区西野２条 5-6-5 Aim.BLD
TEL：011-669-6064　FAX：011-669-6074
E-mail：info@office-ebina.com　URL：http://office-ebina.com

佐藤　崇

■社会保険労務士・代表

仙台中央社会保険労務士事務所では、会社の大切な資源である、人財とお金について、社長が安心して経営できる環境づくりをサポートしています。

特に、助成金・補助金に関しては、この 3 年間で、900 件以上のご相談を頂き、サポートをさせて頂いています。人を元気に　会社を元気に　そして、仙台・宮城を元気にしていければと思っております。助成金・補助金について、わからないことがございましたら、お気軽にご質問ください。

仙台中央社会保険労務士事務所

〒980-0014　宮城県仙台市青葉区本町 2-10-33
TEL：022-797-7117　FAX：022-266-8089
E-mail：ichisen@i-ms.net　URL：http://sendai-roumu.com

西守《ニシモリ》　正希《マサキ》

■税理士・CFP®・代表

『お客様と共に成長する』をモットーに、開業2年で法人200社のクライアントを抱える急成長の税理士事務所です。特にこれから創業される方や創業間もない方を強力にサポート。創業期の悩みのひとつである『資金調達』について、事業計画の策定支援から融資面談のロールプレイングまで幅広く対応します。国から認定を受けた経営革新等支援機関として融資のサポート実績多数。初回相談は無料。まずはお気軽にお問い合わせください。

いぶき総合会計事務所

〒170-0005　東京都豊島区南大塚3-51-8　今井商事ビル201
TEL：03-5927-9791　FAX：03-5927-9792
E-mail：nishimori@ibuki-accounting.com　URL：http://ibuki-accounting.com

高橋　保行

■公認会計士・税理士

当事務所は「税理士はサービス業」を経営理念とし、税務業務だけでなくお客様の伴走者としてお客様に必要なことはすべて提案する提案型の税理士事務所です。中小企業庁より経営革新等支援機関にも認定され、日本政策金融公庫とのパイプも強く、開業間もない会社様から創業数十年の会社様の融資のサポートをおこなっております。相談は無料でございますので、お気軽にお問い合わせください。

高橋会計事務所

〒141-0032　東京都品川区大崎5-8-10　プライムアーバン大崎503
TEL：03-6417-4895　FAX：03-6735-4559
E-mail：info@y-tkhs.com　URL：http://www.y-tkhs.com/

田中 克己

■特定社会保険労務士・所長

『開業計画～準備～開業～開業後の各ステージで継続したご支援をご提供』当事務所は、資金計画、資金調達からスタッフの求人、面接代行適性検査、採用関係諸手続き、就業ルールの作成、労務リスク回避型の就業規則の作成、労働・社会保険手続き代行、その後の労務トラブル予防型雇用契約書の作成並びに雇用関係各種助成金の受給支援、給与計算、経理記帳代行、決算申告に至るまで、多くのサポートをワンストップで提供いたします。

綜合経営労務センター

〒514-0027　三重県津市大門19-15　パティオビル301
TEL：059-222-1198　FAX：059-222-2918
E-mail：srtanaka@jinji-roumu-consul.com　URL：http://www.jinji-roumu-consul.com

高木　淳

■公認会計士・税理士（経済産業省認定　経営革新等支援機関）

税務会計事務所、大手監査法人を経て、一般企業、ベンチャー企業にて経理財務の責任者を務めました。監査法人時代は、銀行の会計監査や金融機関向け金融庁検査マニュアル対策業務に携わり、お金を貸す側の理屈を熟知しています。一般企業では融資獲得や借入れ条件の変更を経験し、皆様と同じ目線に立てます。現在、日本政策金融公庫をはじめ都銀・地銀から信用金庫まで幅広いネットワークで、お客様の資金調達支援をしております。

公認会計士・税理士高木淳事務所

〒144-0047　東京都大田区萩中3-17-7-103
TEL：03-3741-2690　FAX：03-5539-3799
E-mail：atsushi@takagi-aao.com　URL：http://takagi-aao.com

川阪　伸一

■新・税理士

銀行融資プランナー協会正会員事務所として、資金調達、資金管理における金融機関対応に関しては突出したノウハウとスキルを持つ。個人法人問わず多くの資金調達、資金繰り改善サポートを手掛け、財務部長代行という新しい業務に取組んでいる。Facebookでは資金調達（管理）に関する財務情報・経営情報を配信しており、そのファンの数は6,000人を超える業界トップクラスのFacebookページを持つ新時代の税理士。

GPC-Tax 川阪税理士事務所

〒541-0055　大阪府大阪市中央区船場中央1-4-3　船場センタービル3号館221・222号
TEL：06-6263-0337　FAX：06-6263-0338
E-mail：info@kawasaka-tax.com　URL：http://www.kawasaka-tax.com

畑野　洋一郎

■税理士・行政書士・経済産業省認定　経営革新等支援機関

弊社事務所では、税務監査証明書とも言われる税理士法第33条の2の「書面添付」の実施、中小会計要領への準拠性の確保など、金融機関や税務当局からも高く評価される信頼性の高い決算書・税務申告書類の提供を心がけています。金融機関より融資先紹介の依頼があり、顧問先様の資金調達ニーズに親身になり対応いたします。

畑野洋一郎税理士事務所・ひろしま安佐創業サポート室

〒731-0221　広島県広島市安佐北区可部3-37-40　大下ビル3階
TEL：0800-111-5070（フリーコール）　FAX：082-815-5047
E-mail：tax-hatano@nifty.com　URL：http://tax-hatano.tkcnf.com/

高瀬　麗子

■税理士

皆さんは“会社の資金に関する相談や悩み”を誰にアドバイスをもらいますか？私は歯科医院、建設業、美容業、飲食業をはじめサービス業全般の税務会計だけでなく、開業をする前からお話を聞いて、開業を支援し、拡大、成長のお手伝いをしてきました。その際の経営課題に必ずあがる問題が「資金」です。銀行融資、資金繰りに関する相談は三河地区話しやすい税理士No1の税理士REIKOへお気軽にお尋ねください。

高瀬麗子税理士事務所・（株）STT経営

〒441-8148　愛知県豊橋市一色町字一色上17
TEL：0532-46-1157　FAX：0532-21-8101
E-mail：info@officereiko.com　URL：http://www.officereiko.com

吉田　誠吾

■税理士

「資金繰り」。経営者ならば誰しも避けて通れないキーワードです。資金繰りの改善は、事業継続・事業発展の特効薬。
当事務所は経営支援中心の税理士事務所。お客様の参謀となるべく法律、税務、金融と多面的なアプローチで最適解を提案いたします。
初回相談は無料。まずはお気軽にご相談下さい。

吉田誠吾税理士事務所

〒541-0045　大阪府大阪市中央区道修町3-3-2　道修町富永ビル3階
TEL：06-6210-3982　FAX：06-6210-3983
E-mail：yoshida_tax_accountant_office@ybb.ne.jp　URL：http://tax-yoshida.biz/

佐々木　輝雄

■小さな会社の経営参謀・税理士

外部パートナーの立場から、財務を中心に、お客様の困り事や課題を解決する経営参謀をめざしています。

公認会計士・税理士として、上場会社・中小会社 300 社以上に関与した実績に基づき、銀行取引・節税・キャッシュフロー改善・黒字化などの財務戦略を強力にサポートし、会社を成長と成功に導きます。お困り事解決パートナーとして、まずはお気軽にご相談下さい。

佐々木会計事務所

〒 730-0805　広島県広島市中区十日市町 2-9-8　KSM 十日市ビル 201 号
TEL：082-503-7011　FAX：082-503-7013
E-mail：ssk@sasaki-a.jp　URL：http://sasaki-a.jp

尾場瀬　輝雄

■税理士

長年の中小企業勤務の経験から、お客様の繁栄を第一に考え、特に経済的に弱い立場にある中小企業経営者のお役に立てるよう、誠実・一所懸命をモットーに、努力しています。事業発展の鍵は資金繰り。尾場瀬事務所ではアピールする決算書、事業計画書作りを通して、お客様と金融機関の関係強化をサポート。お客様のニーズを支える「経営支援型事務所」を目指しています。また、中小企業者のための決算料無料は大変好評頂いております。

尾場瀬輝雄税理士事務所

〒 862-0903　熊本県熊本市東区若葉 3-15-8
TEL：096-365-9335　FAX：020-4624-1849
E-mail：info@obase.ddo.jp　URL：http://obase.ddo.jp/

中明　勇貴

■認定経営革新等支援機関　税理士

私の税理士事務所は社員全員がお客様のために何ができるか常に考えながら行動しています。

お客様の喜びが私たちの喜びです。

また、国の認定を受けた経営革新等支援機関として金融機関との関わりが深く、様々な金融機関で無料相談会やセミナーを開催させて頂いております。金融機関と連携し、お客様が永続的に繁栄を続けるために全力を尽くします。

中明勇貴税理士事務所

〒 451-0043　愛知県名古屋市西区新道 1-9-7
TEL：052-571-2733　FAX：052-571-2734
E-mail：nakamyo@nagoya-office.co.jp　URL：http://nagoya-office.co.jp

足立　知弘

■公認会計士・税理士・所長

「会計で世界をより良くする」を経営理念に、お客さまの会社経営を支援する事務所として活動している。企業再生で培った知識と経験に基づく、金融機関に企業がどう評価されるのかを知りつくした、企業と金融機関との関係強化サポートには定評がある。特に融資に強く、地元銀行・日本政策金融公庫等の金融機関との信頼と幅広いネットワークで、開業資金から中堅企業の数億円以上の融資までサポートした融資実績は多数。相談は無料。

いちご会計事務所

〒 810-0041　福岡県福岡市中央区大名 2-12-12　赤坂産業ビル３階
TEL：092-738-0035　FAX：092-738-0036
E-mail：info@15tax.jp　URL：http://www.15tax.jp

村松　悟

■税理士・銀行融資プランナー会員・認定支援機関

事業を行っていくうえで、資金繰りは重要な要素です。当事務所では、銀行融資プランナーとして貴社の財務サポートを致します。お金の心配をしない経営を本気で目指し、事業の発展を遂げるために、資金繰りの観点からサポート致します。「当たり前のことを当たり前に」行うことでクライアントとの信頼に繋げ、クライアントの First Choice になるべく税務・財務の面から全力で向き合っていきます。

村松税理士事務所

〒445-0063　愛知県西尾市今川町元川原 76-2
TEL：0563-65-2205　FAX：0563-65-2206
E-mail：s.muramatsu@muramatsu-zei.com　URL：http://www.muramatsu-zei.com/

二瓶　正之 ■代表社員税理士
結城　昌史 ■社員税理士

「わたし達は、共に発展・繁栄していくために、満足と安心を、そして幸せを届けます。」これが税理士法人 ASSETS のミッションです。そして「お客様の満足安心度 100%」を目指します。融資・補助金・助成金まで「資金ニーズ」を徹底提案いたします。相談無料！まずはお気軽にお問い合わせください。

税理士法人 ASSETS

〒103-0013　東京都中央区日本橋人形町 1-2-12　元林ビル４階
TEL：03-3639-5770　FAX：03-3639-5771
E-mail：info@assets.or.jp　URL：http://assets.or.jp/

町田　孝治

■公認会計士・税理士・代表

現在、開業 10 年目でクライアント 350 社。社員 50 名の平均年齢は 32 歳と若い。フットワーク軽く、お客様と同じ目線で、どんなことでも「まずは相談してみよう」と思われるパートナーとなることを目標としている。監査法人時代に金融機関の監査をしていた経験を活かし融資や資金調達のアドバイスにも強い。2009 年より千葉商科大学にて客員講師として教鞭をとる。税理士は「税金屋さん」ではなく、「経営者に夢を語って頂くパートナー」であるべき、という理念のもと全国の社長をサポートしている。

町田公認会計士事務所

〒105-0014　東京都港区芝 3-43-15　芝信三田ビル７階
TEL：03-3798-0867　FAX：03-3798-0866
E-mail：info@machida-gr.com　URL：http://www.machidakaikei.info

坂入　浩行

■特定社会保険労務士・行政書士・作詞家・茨城県社会保険労務士会前副会長・龍ヶ崎間税会理事・若手税理士の会 NAC21 理事・藤代ロータリークラブ前会長

「顧問先 300 社」の実績と助成金に強い社労士のネットワークが都内にもあります。地方銀行・信用金庫の上層部とのパイプは強く、創業支援もしております。マイナンバーの取り扱い規程の作成、セミナーも致します。お客様に親しまれるような提案をしております。まずはお気軽にご相談ください。

坂入社会保険労務士事務所

〒300-1514　茨城県取手市宮和田 489
TEL：0297-83-1510　FAX：0297-83-6910
E-mail：info@sakairi.biz　URL：http://www.sakairi.biz　　mn-sakairi.com

塩谷　一樹

■代表社員

企業の成長・経営の安定化には、資金繰り対策は必要不可欠といえますが、資金調達は、調達先、事前の準備資料等によって、結果が大きく変わってきます。また、資金繰りにお悩みの経営者が多い一方で、資金繰り対策に強い会計事務所はまだ不足していると実感しています。当事務所では、融資を受ける前の資金繰り状況の把握・必要資金の検討から、融資を受ける際の事業計画の作成・金融機関との折衝まで、経営者の味方となり強力にバックアップいたします。

税理士法人シリウス

〒102-0082　東京都千代田区一番町 9-8　ノザワビルディング6階
TEL：03-6261-2191　FAX：03-6261-2193
E-mail：shionoya@sirius-ta.com　URL：http://www.sirius-ta.com/

橋川《ハシカワ》　誠司《セイシ》

■税理士

「お客様の目線にたって一緒に考えて行く事」をモットーとし、お客様のライフステージ（創業期、成長期、成熟期、衰退期）に応じて、お客様の一番の伴走者として必要なことは積極的に提案する経営支援特化型税理士事務所です。社名の「ブリーロ」とは、エスペラント語で「光」「輝き」を表し、私達に関わる全てのお客様、一緒に働く仲間が主役となり、光輝き、結果として社会に貢献して欲しいという気持ちが込められています。

ブリーロパートナーズ税理士事務所

〒732-0052　広島県広島市東区光町 1-12-16　広島ビル7階
TEL：082-569-6772　FAX：082-569-6773
E-mail：hashikawa@brilo-tax.com　URL：http://www.brilo-tax.com

吉田　徹

■税理士・行政書士・CFP® 認定者・経営革新等支援機関

中小企業にとって事業発展の鍵は「資金繰り」にあります。税務業務だけでなく、資金繰りの相談、銀行との交渉は当事務所の得意とするところの1つで、融資サポート実績は多数あります。これまで培った日本政策金融公庫、地方銀行等金融機関との強いパイプ、幅広いネットワークを生かし、お客様の資金ニーズを支えていく「経営支援型事務所」を目指しています。

吉田徹税理士行政書士事務所

〒983-0852　宮城県仙台市宮城野区榴岡4-1-8　パルシティ仙台 609 号
TEL：022-707-8774　FAX：022-707-6182
E-mail：yoshitax@ae.auone-net.jp　URL：http://www.yoshitax.com/

大沢　日出夫

■公認会計士・税理士・財務金融アドバイザー

公認会計士として銀行等金融機関の監査の経験、税理士として中小企業経営者と共に決算書を作成した経験から、どのようにすれば中小企業が金融機関から有利な条件の融資を受けられるか、実践的なアドバイスを行っています。創業間もないお客様の創業資金、中堅企業の設備更新に伴う資金調達のご相談、より低利な借換えのご相談等、多数の事例、実績がございます。
初回のご相談は無料です。お気軽にお問い合わせください。

大沢会計事務所

〒343-0024　埼玉県越谷市越ヶ谷 2617
TEL：048-965-4331　FAX：048-962-7118
E-mail：hideo.osawa@osawakaikei.jp　URL：http://www.osawakaikei.jp/

阿戸　伸一

■特定社会保険労務士・代表

会計事務所、税理士法人勤務の経験から数字に強い社労士として活躍。予防労務を中心に企業防衛提案業務を展開。経営陣と従業員の架け橋となり100年企業の創設支援を使命としている。【助成金配達人】®として助成金・補助金の実績は1億円超。社労士では珍しい経営革新等認定支援機関として創業補助金等の実績も多数。光明に背面なしのサービスで中小企業の皆様に経営の起爆剤をお届け致します。

阿戸社会保険労務士事務所

〒160-0022　東京都新宿区新宿5-11-13　富士新宿ビル4階
TEL：03-6685-7524　FAX：03-3350-8685
E-mail：info@ato-office.com　URL：http://ato-office.com/

森下　敦史

■税理士・所長

当事務所は「起業家支援専門」の税理士事務所です。年間50社以上の新設法人の設立サポートを行っております。その中でも、創業間もない法人に共通する悩みに資金調達があります。その為、当事務所では多くの資金調達サポートをしております。 また、所長は30代と若く、経営者様とのコミュニケーションを重視し、スピード対応をモットーにしております。資金調達のことでお困りの方は、ぜひ当事務所までお問合わせください。

森下敦史税理士事務所

〒104-0061　東京都中央区銀座8-5-25　第2三有ビル4階
TEL：03-5537-7244　FAX：03-5537-7245
E-mail：morishita@morishita-zeimu.com　URL：http://morishita-zeimu.com

水嶋《ミズシマ》　淳《アツシ》

■税理士（経済産業省認定　経営革新等支援機関）

【お客様のお金を増やすこと！】それが水嶋会計事務所の使命です。当事務所は、資金調達・節税・資金繰り・経営計画等の経営支援トータルサービスを通じお客様のお金を増やし、お客様にストレスのない楽な経営をしていただく事を目指しています。当事務所のお客様の融資実行率は99.99%、さらに利率0.4%という低利融資を実現したお客様も複数います。ご存知ですか？税理士が違えばお客様の信用力も全く違うという事を！

水嶋淳会計事務所／有限会社水嶋会計事務所

〒111-0041　東京都台東区元浅草2-1-14　ランバレー元浅草201号
TEL：03-3843-2836　FAX：03-3843-2838
E-mail：mizushima@tkcnf.or.jp　URL：http://www.mizushimakaikei.com

江本　誠

■公認会計士・税理士・CFP®

法人設立から新規上場まで各種ステージの財務をサポートしています。現在は事業承継を課題とする50～70代の顧客も多いです。融資サポート・補助金や助成金獲得支援などの具体的課題にも積極的に応えることをモットーとしています。また資金繰りシミュレーションの作成により経営危機管理の対策指導も得意ですので、公的金融機関から断られていた融資を再交渉することなど具体的なサポートで顧客を支援しています。

江本誠公認会計士・税理士事務所

〒530-0054　大阪府大阪市北区南森町1-3-27　南森町丸井ビル3階
TEL：06-6363-3680　FAX：06-6363-3681
E-mail：info@emoto-accounting.com　URL：http://emoto-accounting.com

岡部　芳告

■税理士・所長

熊本の経営者様！日々心のどこかで「資金繰り」への不安がありませんか？当事務所では元銀行員の職員を筆頭に、資金調達といった経営サポートを20年以上実施しております。開業時には、「日本政策金融公庫」に対する融資提案支援。経営改善したい時には、信金、地銀に対する融資提案支援を行いご好評頂いております。
まずは一度お気軽にご相談ください。

岡部芳告税理士事務所／株式会社オーエイ財務経理

〒862-0947　熊本県熊本市東区画図町重富858
TEL：096-334-6667　FAX：096-334-6668
E-mail：okabe@intelligate.jp　URL：http://www.intelligate.jp/

麻生　尚紀

■税理士・所長

私が税理士として独立しようと考えた１番の理由は、『経営者としての苦労を知らなければ、社長様とは意識が共有できない』と考えたからです。特に資金繰りには本当に頭を悩ませられました。設備・人材・広告等に限りある資金をどう分配するかは、経営の永遠のテーマであるとも言えます。本書が些末でも皆様の資金調達の一助となり、安定経営への足掛かりとなれば、大変嬉しく思います。

麻生税理士事務所

〒107-0061　東京都港区北青山1-3-3　三橋ビル４階
TEL：03-6673-5035　FAX：03-6673-8761
E-mail：info@asoc.jp　URL：http://asoc.jp/

福原　邦雄

■公認会計士・税理士

中堅中小企業の経理、税務、事業承継、相続業務、監査業務、経営指導を行い常にお客様の「良き相談相手」となることを目指しています。弁護士、社会保険労務士、不動産鑑定士、司法書士などの専門家集団とも提携して「よろず相談」の出来るサービスを提供しています。ほか著書に「社長その税金は払いすぎ」（共著　あさ出版）「財産を生かして守るあなたのための相続税対策」（事務所経営研究協会）ほか多数。

福原公認会計士事務所

〒146-0094　東京都大田区東矢口2-14-15
TEL：03-3758-1731　FAX：03-3758-2608
E-mail：fkj@f5dion.ne.jp　URL：http://www.tkcnf.com/fkj/pc/info.html

石井　隆行　■税理士・東松山事務所所長
西村　篤　■税理士・坂戸事務所所長

経営者の最良のパートナーとして的確な助言が行えるよう職員共々努力研鑽を重ねています。税金の計算だけをする税理士ではなく、お客様の悩みを共有し、解決策をみつける良き相談相手となれるよう全力でサポート致します。資金調達についてもサポートさせて頂きます。まずはお気軽にご相談下さい。

むさし税理士法人

〒355-0062　埼玉県東松山市大字西本宿1968-1
TEL：0493-34-4231　FAX：0493-34-4234
E-mail：takayuki-ishii@tkcnf.or.jp　URL：http://www.isi-tax634.com/pc/

椙山　陽子

■代表税理士

当事務所では、"数字に強い経営者を育てる"を指針として、「将来を見据えたBS経営」や「資金繰り」などの実践的な内容を重視し、お客様に寄り添った質の高いサービスを提供できるように努めております。資金調達は、事業される上で非常に重要なテーマです。当事務所では、「銀行格付」についての勉強会の開催や情報配信など、積極的な支援を行っております。まずは無料相談から、どんな方法があるか一緒に探してみませんか？

椙山会計事務所

〒650-0034　兵庫県神戸市中央区京町78　三宮京町ビル3階
TEL：078-335-8118　FAX：020-4668-9585
E-mail：info@sugiyamatax.com　URL：http://sugiyamatax.com/

坂守　信治

■公認会計士・税理士・経済産業省　経営革新等支援機関

当事務所では、単なる税務申告用の決算書を作成するのではなく、『銀行が喜ぶ決算書』を作成しております。『銀行が喜ぶ決算書』は、融資に大変強く、資金が必要な時には必ずや事業の味方になるでしょう。また、作成した決算書を使って、当事務所の専門スタッフが『お金が貯まる経営のコツ』についても丁寧に解説しております。少しのコツを知っているだけで、全く違ったものになります。まずは、お気軽にお問い合わせください。

坂守公認会計士・税理士事務所

〒260-0013　千葉県千葉市中央区中央1-1-1　小川ビル2階
TEL：043-305-5280　FAX：043-306-6305
E-mail：info@sakamori-cpa.com　URL：http://sakamori-cpa.com/

君和田　昭一

■税理士・社会保険労務士・FP

『税務申告』中心ではなく『経営支援』というスタンスで税務会計から人事労務､FPに関する専門サービスを提供しております｡中でも『資金に関するサポート』は経営支援サービスの大きな柱だと考えており、創業以来特に力を入れて取り組んでおります。支援実績には自信があります。

税理士・社労士・FP 君和田昭一事務所

〒314-0145　茨城県神栖市平泉東1-64-181　大竹ビル2階
TEL：0299-90-1655　FAX：0299-90-1603
E-mail：kimiwada@beige.ocn.ne.jp　URL：http://www.kimiwada.com/

公門　章弘

■税理士・代表

事業継続の鍵は「資金繰り」です。資金は人でいう血液と同じです。資金は血液、利益は酸素。法人も人も同じです。我々は、企業経営のドクターとして、縁ある企業さまの健康状態を診断し、最も有利な方法で生命と財産を守り、安心と安全を提供しています。資金調達については財務支援体制を整え実現性の高い経営計画書の作成を行い、地元金融機関の力強い協力を得ながら皆様の財務支援を行っています。

公門税理士事務所

〒849-0919　佐賀県佐賀市兵庫北2-16-13
TEL：0952-31-5107　FAX：0952-31-5117
E-mail：kumon@kumon-office.com　URL：http://www.kumon-21.com/

金森《カナモリ》　岳司《タケシ》

■代表社員・税理士

“元氣がいちばん”をモットーに月次試算表の説明と経営方針書セミナーを通じて、中小企業を元氣会社へ導きます。元氣会社になるために、本当に資金調達が必要かどうかを考え、必要な時は日本政策公庫とのパイプも長く・強いネットワークを持っています。また、設立を考えている方の開業支援サポートも行なっています。借入後の使い道などコツコツ経営を実践継続していくこともご相談に乗ります。

税理士法人　金森事務所

〒150-0042　東京都渋谷区宇田川町 2-1　渋谷ホームズ 1119 号
TEL：03-3780-0939　FAX：03-3780-1439
E-mail：info@genki1ban.jp　URL：http://genki1ban.jp/

大槻　哲

■税理士・公認会計士

現在国の政策として「起業家」を増やしていこうと推進しています。そのため、創業時は売り上げがほとんどないにも関わらずしっかりとした事業計画があれば融資可能です。創業後 10 年続く企業は 1 割程度と言われております。私どもが関与している会社でも長く事業を継続している会社には事業計画があり、それに沿って経営している会社です。当事務所では、創業時の融資の相談は勿論、事業計画策定のサポートを行っております。

大槻公認会計士事務所

〒541-0054　大阪府大阪市中央区南本町 2-6-8　メルパシオ本町ビル
TEL：06-4704-8556　FAX：06-4704-8557
E-mail：otsuki-office@amail.plala.or.jp　URL：http://otsuki-zei.jp/

塩田　龍海

■公認会計士・税理士・行政書士・経産大臣認定経営革新等支援機関・ファイナンシャル・プランナー AFP®・ランチェスター協会認定インストラクター

個人や零細企業を専門に起業・創業支援サービスをする個人の会計・法律事務所です。公認会計士、税理士、行政書士、認定支援機関の資格をフル活用して、会社設立から開業時各種届出、開業融資や補助金・助成金申請、経理代行、税務申告までを、ひとりがずーっと寄添ってご担当いたします。他の専門家に再委託は致しません。一般よりも安い会社設立や有利な融資獲得の支援もご提供します。0120-372-414（無料相談）にお電話ください。

あさがお経営研究所　塩田龍海公認会計士・税理士・行政書士事務所

〒164-0003　東京都中野区東中野 4-10-13
TEL：0120-372-414（フリーダイヤル）　FAX：03-5937-6420
E-mail：asagao.keiei@drive.ocn.ne.jp　URL：http://www.kigyosien-tokyo.com/

舟生《フニュウ》　俊博《トシヒロ》

■公認会計士・税理士

「数字に強い会社を創り、日本の中小企業の底力をアップする」ことを目指して、中小企業の経営者、創業者の経営サポートを実践しています。経営計画の作成・実践、月次決算体制の構築、資金調達サポート、事業承継支援等、多角な戦略を有し、経験豊富な私たちと会社の未来を見据えた対策を始めましょう。
初回のご相談は無料です。経営にどう数字を活用するかでお困りの中小企業経営者の方々、お気軽にご連絡ください！

さくらみらい国際会計事務所

〒252-0231　神奈川県相模原市中央区相模原 2-1-3
TEL：042-707-4760　FAX：050-3156-3399
E-mail：funyu@sakura-mirai.co.jp　URL：http://www.sakura-mirai.co.jp

井上　勇夫

■創業融資に強い税理士・CDA（キャリアカウンセラー）

事業繁栄は、「事業戦略」「人事戦略」「法務戦略」「財務戦略」が鍵です。「資金繰り計画」も必要となります。当事務所は創業融資支援、資金調達支援を得意としています。所長の井上はキャリアカウンセラーでもあるので、社長さんの事業に対する想いや志などを明確にするのを得意とし、融資申請する際の不安を払拭し、融資実行後、返済に困ることがないよう支援します。

井上勇夫税理士事務所

〒630-0251　奈良県生駒市谷田町870-2　中谷ビル503
TEL：0743-75-5016　FAX：0743-75-5017
E-mail：inoue13tax@tkcnf.or.jp　URL：http://創業融資フルサポート.com

守屋　和徳

■税理士

平成元年に税理士として登録し、地道にまじめに会計・税務申告業務をしてまいりました。税務申告においては、経営者様との信頼関係を第一に、時に厳しい助言をすることもありますが、経営者の目線で適切なアドバイス・税務申告をさせていただきます。また、経営で重要な「資金繰り」については、決算書・事業計画等の作成等により資金繰りを安定させることで、会社の成長を支援いたします。まずは、お気軽にお問い合わせください。

守屋和徳税理士事務所

〒254-0016　神奈川県平塚市東八幡1-2-2　朝日ハイツビル2階
TEL：0463-24-2555　FAX：0463-24-2225
E-mail：moriya@cyber.ocn.ne.jp　URL：moriyatax-accountant.com

宮永　泰宏

■税理士

会社経営に関するお悩みを相談できる相手をお持ちでしょうか？
私達は経営者の頼れるビジネスパートナーとして、「変化の激しい事業環境の中で、時代に即応した経営のサポート」を念頭に置き、ドンブリ経営からの脱却、財務基盤の安定、企業の黒字化に貢献します。
私達は会計・税務・資金調達の支援や意思決定に役立つ経営の情報提供・経営計画の策定支援を得意としております。ぜひ一度お気軽にご相談ください。

宮永会計事務所

〒178-0064　東京都練馬区南大泉6-20-16
TEL：03-3923-0417　FAX：03-3923-0476
E-mail：contact@miyanaga-kaikei.com　URL：http://www.miyanaga-kaikei.jp/

座間　英明

■税理士・行政書士・ファイナンシャルプランナー・NPOアカウンタント　経営革新等支援機関・（株）タックスクリニック代表取締役

税理士会での記帳指導委員、法人会にて新設法人説明会の講師を務めるなど、29歳で独立開業以来、一貫して新規の創業支援を専門に扱ってきました。 特に創業融資に強く、金融機関のご紹介から独自の創業計画書・財務計画の作成、面接対策まで、きめ細やかな対応で多くの融資を成功に導いています。 実績、経験、フットワークを武器に、全力サポートいたします。お気軽にご相談ください。

座間英明会計事務所／株式会社タックスクリニック

〒124-0014　東京都葛飾区東四つ木4-14-15
TEL：03-5671-0015　FAX：03-5671-0031
E-mail：zama@zama-kaikei.co.jp　URL：http://www.zama-office.jp/

川口　大輔

■税理士・相続診断士

川口士郎税理士事務所は、税理士３名体制でサポートする「あなたの身近な経営相談所」です。「決算書の見方・活かし方セミナー〜融資したくなる決算書とは〜」「生前贈与を活用した相続節税対策セミナー」等、様々なテーマでセミナーも開催しており、幅広いご相談内容に丁寧かつ迅速に対応しております。法人・個人を問わず、皆様からのお問合せをお待ちしております。初回のご相談は無料ですので、まずはお気軽にお電話ください。

川口士郎税理士事務所

〒456-0032　愛知県名古屋市熱田区三本松町 7-1　熱田ビル１階
TEL：052-882-7180　FAX：052-882-7187
E-mail：d-kawaguchi@cube.ocn.ne.jp　URL：http://www.kawaguchi-tax.jp/

羽生　正宗

■税理士

税理士法人羽生会計事務所では、アピールする「決算書」「事業計画」の策定を強力に支援致します。事業発展の鍵は「資金繰り」。お客様の伴奏者として必要な事は全て提案する経営支援型事務所です。特に融資には強く、銀行・日本政策金融公庫とのパイプは強く、融資のサポート実績多数。また補助金申請では圧倒的支持率を誇っています（採択率 70%）。お気軽にお問合せ下さい。

税理士法人　羽生会計事務所

〒874-0943　大分県別府市楠町 19-12
TEL：0977-27-5670　FAX：0977-27-5680
E-mail：hanew@tkcnf.or.jp

藤間 秋男

■公認会計士・税理士・中小企業診断士・行政書士

創業 125 年の老舗コンサルティングファーム。TOMA 税理士法人を母体とし、銀行 OB 3名、税理士 29 名、公認会計士 6 名、社会保険労務士 12 名、中小企業診断士 4 名､経営コンサルタント 10 名ほか総勢 200 名の専門家が「日本一多くの 100 年企業を創り続け、1000 年続くコンサルティングファームになります」のビジョンのもとで永続経営の仕組み創りを支援している。資金調達の相談実績多数。無料相談のお申込みはフリーダイヤルから。

TOMA コンサルタンツグループ株式会社（東京／静岡／シンガポール／アメリカ）

〒100-0005　東京都千代田区丸の内 1-8-3　丸の内トラストタワー本館３階
TEL：03-6266-2555（代表）　0120-944-533　FAX：03-6266-2563
E-mail：toma@toma.co.jp　URL：http://www.toma.co.jp/

岩武　俊郎

■税理士・所長

岩武会計事務所は経営支援型の税理士事務所です。金融公庫・銀行・信用金庫との幅広いネットワークを生かし、金融機関と連携し事業計画の作成から融資の実行までを完全サポートしております。さらに、司法書士・社会保険労務士との提携による創業支援・助成金フォローも得意としており、会計・税務・金融と多面的なアプローチで最善策を提案しております。お気軽にご相談ください。

岩武会計事務所

〒807-1133　福岡県北九州市八幡西区馬場山緑 7-1
TEL：093-619-3966　FAX：093-619-3965
E-mail：iwatake@tkcnf.or.jp　URL：http://tax-iwatake.tkcnf.com/

新木《シンキ》　国博

■代表・税理士・行政書士

「お客様の安心のために」を理念に掲げ、昼夜を問わず年中無休で小回りの利いた丁寧な対応を行っています。また、従来の税務顧問業務のほか、お客様が資金繰りを気にせず経営に専念できるよう、どこから・いつ・いくら借りるかといった融資戦略の立案から金融機関との調整までをサポートする「資金繰り円滑化サービス」の提供も行っています。貴社も「お金の心配をしない経営」を本気で目指してみませんか。お気軽にご相談下さい。

あおい会計事務所

〒550-0005　大阪府大阪市西区西本町 1-13-38　西本町新興産ビル６階
TEL：06-6533-0088　FAX：06-6533-0188
E-mail：aoi1@canvas.ocn.ne.jp　URL：http://www.aoi-acc.net/

隅田　耕司

■税理士

法人と個人事業に特化した事務所で、経営者のパートナーとして事業をサポートします。事業に関することは設立・開業から融資、人事労務、法務まで経営に関わることは全て対応しています。特に財務強化を重視しており、資金繰り予測と決算予測をしながら「これからどうするか」を一緒に考えていきます。もちろん融資サポートも実績多数で、事業計画策定から面談まで広くサポートします。お気軽にご相談ください。

隅田税理士事務所

〒150-0043　東京都渋谷区道玄坂 2-10-10　世界堂ビル４階Ｄ室
TEL：03-3462-6281　FAX：03-3462-6282
E-mail：office@sumida-cta.pro　URL：http://sumida-cta.pro/

コンパッソ税理士法人

「私たちの繁栄と個人・社会の幸福が、相即一体である」という経営理念の基、経営の羅針盤となるべく、中小企業の経営者様のベストパートナーを目指しています。皆様の期待とニーズに応え成長発展のために寄与することが私たちの使命です。中小企業にとって資金繰りは会社の生命線です。コンパッソグループは皆様を全力で応援いたします。まずはお気軽にご相談ください。

コンパッソ税理士法人

〒150-0043　東京都渋谷区道玄坂 1-10-5　渋谷プレイス９階
TEL：03-3476-2233　FAX：03-3476-5958
E-mail：info@compasso.jp　URL：http://www.compasso.jp

紙谷　将

■公認会計士・税理士・所長

「お困りごと解決」をモットーに、資金調達支援、銀行交渉支援を重要な柱と位置づけ、経営者がより経営に専念出来るようサポート致します。気が重い金融機関との交渉を会計事務所に任せ、気持ちと時間の余裕を持ちませんか。又、創業融資も日本政策金融公庫との協調関係のもと多くの融資支援実績がございます。初回相談は無料です。資金調達、セカンドオピニオン、節税など、どんな事でも構いません。是非ともご相談ください！

信濃橋税理士事務所

〒550-0004　大阪府大阪市西区靭本町 1-11-7　信濃橋三井ビル 11 階
TEL：06-6225-7702　FAX：06-6225-7703
E-mail：office@snb-t.or.jp　URL：http://www.snb-t.or.jp/

竹内　武泰

■税理士・代表社員

税理士法人新日本経営は、会計・税務はもちろんのこと、銀行・信用金庫に強い税理士が、顧問先の「黒字化支援と経営改善」、「融資・資金繰り・銀行対策」等の経営問題に積極的に取り組んでいます。また、当事務所では、地域金融機関（日本政策金融公庫・地方銀行・信用金庫）のご紹介、提出資料作成のご支援、金融機関への同行等、顧問先の状況に合わせて対応し、社長様も安心して本業に取り組むことができます。

税理士法人新日本経営（新日本経営コンサルティンググループ）

〒330-0062　埼玉県さいたま市浦和区仲町 1-11-12　さくらビル浦和 I-3 階
TEL：048-814-2030　FAX：048-814-2031
E-mail：info@shinnihon-keiei.com　URL：http://www.shinnihon-zaimudaikou.com/

髙野　美佳

■特定社会保険労務士・代表取締役

人事労務に関する経営者の参謀役となれるように心がけてお仕事をしています。外資系化粧品会社と大手日系Ｅコマース会社の人事部 30 年の経験があり、就業規則の作成・改定、人事制度構築、社員教育、パワハラ、セクハラ、メンタル不全、あっせん、リストラなど人事労務業務を幅広く経験しています。会社を守る就業規則の作成、助成金の申請、社会保険料の適正化、人事労務相談などを得意としています。お気軽に無料相談をお申し込みください。

社労士オフィスなでしこ／なでしこコンサルティング株式会社

〒101-0033　東京都千代田区神田岩本町 1-1　岩本町ビル３階
TEL：03-3527-1316　FAX：03-5298-6802
E-mail：mika.takano@nadeshiko-c.com　URL：http://nadeshiko-sr.com

山田　紳太郎　■公認会計士・税理士
山田　希恵　■公認会計士・税理士

●創業支援・銀行融資・経営計画作成サポートに力を入れている、若い会計事務所です。●地元金融機関とのパイプは強く、当事務所での個別相談会の開催実績があります。●「利益は出ているのに資金が残らない」「お金の流れが良くわからない」とお悩みの経営者のため、『資金の見える化』と財務体質の強い会社作りのお手伝いをしています。

公認会計士・税理士　山田総合会計事務所／SKパートナーズ(株)／広島開業会社設立相談所

〒730-0013　広島県広島市中区八丁堀 11-28 朝日広告ビル４階
TEL：082-225-7147　FAX：082-225-7146
E-mail：info@hiroshima-setsuritsu.com　URL：http://hiroshima-setsuritsu.com

下村　昇治

■税理士・所長

会社創業の時、事業が成功するか否かは資金の量によると言っても過言ではありません。ですから融資を受けられるかどうかは、事業の成功不成功を左右します。金融機関の融資を受けるのは、そんなに難しいことではありません。社長の人柄（これから始めようとしている事業のこれまでの経験や知識・思い・未来への展望をしっかり持っているか、それを人に伝えられるか。）が一番重要です。思いや未来への展望を表現するお手伝いをします。

下村昇治税理士事務所

〒104-0061　東京都中央区銀座 8-11-5　正金ビル２階
TEL：03-6228-5262　FAX：03-6228-5284
E-mail：shimomura@oboe.ocn.ne.jp　URL：http://www.shimozei.net/

宮崎　信一郎

■税理士・ファイナンシャルプランナー・経営革新等支援機関認定（経済産業省）㈶くまもとテクノ産業財団講師・熊本商工会議所エキスパートバンク講師・税法研究会会員・日本ファイナンシャル・プランナーズ協会会員

お客様の繁栄を考え40年、1000社以上の融資を支援して金融機関や取引先からの信頼度アップに貢献してきた実績多数。

宮崎税務会計事務所／株式会社　西南ビジネスサポート

〒862-0972　熊本県熊本市中央区新大江 1-15-4
TEL：096-366-2231　FAX：096-366-2236
E-mail：t-miyazaki@tax1988.jp　URL：http://www.miyazaki-zeimu.com

岡　明弘

■代表税理士

当事務所では、事業が成長・発展・継続するためのご支援として、中小企業の税務・会計のみならず経営全般に関する諸問題に、親身にかつ真剣に取り組んでおります。代表は、元銀行マンで融資を担当。その後事業会社において経理・総務業務も経験しております。融資や金融機関との関係構築はもちろんのこと、IT・クラウドを活用した経理業務のアウトソーシングもお任せください。ご相談・ご質問がございましたらお気軽にご連絡ください。

フィンテリックス総合会計事務所

〒150-0013　東京都渋谷区恵比寿 1-19-15　ウノサワ東急ビル3階
TEL：03-6277-1861　FAX：03-6277-2171
E-mail：info@fintellix.jp　URL：http://fintellix.jp/

髙橋　浩

■税理士・ITコーディネーター・ファイナンシャルプランナー

事業を始められて何十年の社長様も、創業間もない経営者様も、こと「資金繰り・銀行対策」には御苦労なされているのではないでしょうか？大切だが取っ付き難い「資金繰り・銀行対策」について、お客様の状況により、優先順位を付けて対応していきます。「資金繰り・銀行対策」のみならず「助成金・補助金の検討」もご提案し、より安心な資金繰りの実現に努めます。「資金調達」をはじめ、会社の設立・節税・税務申告のご相談、スタッフ一同　心よりお待ち致しております。　お客様の“ゆめ”の実現　応援団です！

髙橋浩税理士事務所

〒243-0027　神奈川県厚木市愛甲東 2-16-23
TEL：046-250-5000　FAX：046-250-0050
E-mail：info@ta5000.com　URL：http://atsugi-shinsetsu.com/

佐久間　大介

■税理士・所長

佐久間会計事務所では、開業昭和47年、埼玉県さいたま市を中心に中小企業の社長さんをサポートしています。特に、開業間もない社長さんに、日本政策金融公庫の融資や信用保証協会の制度融資など、金融機関と連携したサポートを行っています。社長さんと一緒に汗をかきながら事業計画を組み立て、資金のお悩みを解決して、より安定して成長し続ける会社作りをお手伝いしています。一緒に日本を支える会社を作り、日本を元気にしていきましょう。お困りのことがございましたら、お気軽にご相談ください。

佐久間会計事務所

〒330-0043　埼玉県さいたま市浦和区大東 3-40-2　1階
TEL：048-886-5747　FAX：048-881-9810
E-mail：sakuma.kaikei@nifty.com　URL：http://www.zeitax.jp

著者・監修者

深石 圭介（ふかいし・けいすけ）

労務管理事務所 新労社代表・社会保険労務士

会計事務所等勤務を経て、2004年に独立。一貫して雇用関係助成金の申請業務を切り口とした労務管理の実践に携わる。助成金の受給は、企業にとって利益や働き甲斐を含めた「正しい会社」を創る第一歩であると認識するノウハウ論を展開する。業界組合等において、助成金を中心にセミナー実績多数。著書は『すぐにもらえる！ 雇用関係助成金 申請・手続マニュアル』5訂版（日本法令）等多数。また専門誌に関連記事を多数執筆。

【労務管理事務所 新労社】

〒151-0053　東京都渋谷区代々木2-23-1　ニューステイトメナー1351
TEL：03-6300-7780　FAX：03-6300-7781
E-mail：info@nlsroumu.com　URL：http://nlsroumu.com/jk/

元村 康人（もとむら・やすひと）

税理士・経済産業省認定支援機関。助成金、補助金は自ら受給し、都内でもトップクラスの通過実績数を誇る。融資についても自ら日本政策金融公庫及び信用保証協会付きで借入を受けており、サポートしている件数も多数。金融機関とのパイプも強く積極的な展開を行っている。

関与先数は法人250、個人100。相談件数は融資、助成金1000件。創業融資サポート80件、融資案件でやりとりした経験のある金融機関15行。

【青色会計事務所】

〒101-0047　東京都千代田区内神田1-15-15　神田朝日ビル1階
TEL：03-5577-3188　FAX：03-6740-2197
E-mail：yasuhito.motomura@ao-iro.org　URL：http://www.ao-iro.org/

著者・監修者

広瀬 元義（ひろせ・もとよし）

株式会社アックスコンサルティング代表取締役
株式会社 FAN アライアンス代表取締役

1988 年、会計事務所とその関与先の成功を支援するコンサルティング専門会社として創業。
会計事務所の経営支援、一般企業の経営支援、資産家の不動産コンサルティングを中心に業務を展開。
2010 年、相続・贈与に取り組む専門家のネットワーク「アックス資産税パートナーズ®」を発足、「相続・贈与相談センター®」としてサービスを展開。2011 年、スモールビジネスの成功を支援する会計事務所の全国フランチャイズ「Q-TAX®」を発足。
2014 年、クラウド会計ソフト「ハイブリッド会計 Crew」サービスを開始。会計事務所および経営者向けセミナーの講演は年間 50 回以上。これまで出版した著書 40 冊の累計発行部数は 40 万部を超える。

【株式会社アックスコンサルティング／株式会社FANアライアンス】

〒 150-0013　東京都渋谷区恵比寿 1-19-15　ウノサワ東急ビル 3 階
TEL：03-5420-2711　FAX：03-5420-2800
E-mail：accs@accs-c.co.jp　URL：http://www.accs-c.co.jp/

中小《ちゅうしょう》企業《きぎょう》の資金《しきん》調達《ちょうたつ》方法《ほうほう》がわかる本《ほん》　〈検印省略〉

2015年　12　月　7　日　第　1　刷発行
2015年　12　月　17　日　第　2　刷発行

著　者
監修者――深石 圭介（ふかいし・けいすけ）
元村 康人（もとむら・やすひと）
広瀬 元義（ひろせ・もとよし）

著　者――中小企業を応援する会計事務所の会

発行者――佐藤 和夫

発行所――株式会社あさ出版
〒171-0022 東京都豊島区南池袋 2-9-9 第一池袋ホワイトビル 6F
電　話　03（3983）3225（販売）
03（3983）3227（編集）
F A X　03（3983）3226
U R L　http://www.asa21.com/
E-mail　info@asa21.com
振　替　00160-1-720619
印刷・製本　神谷印刷（株）
乱丁本・落丁本はお取替え致します。

facebook　http://www.facebook.com/asapublishing
twitter　http://twitter.com/asapublishing

ISBN978-4-86063-835-1 C2034